乾偉藏書

民國八十年一月四日

台灣原住民的母語傳說

讓傳統文化立足世界舞台

——《協和台灣叢刊》發行人序

這是一種相當難得且奇特的經驗，四十歲之前，許多人常會問我的，總是一些生理與醫療方面的問題；四十歲之後，我最常思考的卻是文化方面的問題。

如此南轅北轍的改變，最主要的原因，應該是來自我的經驗法則：跟每一位成長在戰後的一代相仿，自童年長至青年，無論是家庭、學校或者是整個社會給我的壓力，只是讀書、考試，考試、讀書；而我一直也沒讓人失望，唸完醫學院後，順利負笈英國，接着又在日本拿到博士學位，先後在美國及台灣擔任過許多人欽羨的婦產科醫生，也正因此，讓我有太多機會在世界各地認識不同的友人。然而，這樣的機會卻總讓我感到自卑，這自卑並非來自專業知識，而是每每交換及不同的文化經驗時，少數識得台灣的友人，也僅知道這個海島擁有七百億的外滙存底而已。

這個殘酷的事實，逼着我不得不慎重的思考：什麼樣的文化，才足以代表台灣？

●

一九八三年間，我結束了在美的醫療工作，

回台全力投注於協和婦女醫院的經管，由於業務的需要，常有機會到日本去，有一次在橫濱的一家古董店裡，發現了十幾尊傳統布袋戲偶，讓我突然勾起兒時在台南勝利戲院，坐在長排椅的椅背上看內台布袋戲的情景；不久後，在大阪天理大學附設的博物館，看到那尊清乾隆年間的戲神田都元帥以及古色古香的「六角棚」戲台，還有那些皮影、傀儡、木彫、銀器、刺繡與原住民族的工藝品，讓我產生極大的感動，忍不住當場流下眼淚。

我的感動來自於那些代表先民智慧與工藝水平的器物之美；忍不住掉下的眼淚，則是因爲這些製作精巧，具有歷史意義又代表傳統文化精華的東西，在這外邦受到最愼重的收藏與保護，但在當時的台灣，除了某些唯利是圖的古董商外，根本乏人理會！

除了感動，同時也讓我感受到日本文化侵略的危機，這種危機感也許可溯自大學三年級的暑假，我參加基督教醫療協會，到信義、仁愛、望洋等山地部落，從事公共衛生的醫療服務時，便深刻體會到日治時期對台灣山地的積極教育，讓日本文化、語言以及民族性都紮下不錯的根基，其深厚的程度甚至令人驚駭，只是當時的情況，個人並無力改變什麼。及至一九八〇年前後，我結束學業，回到台灣後，第一件事便是找到彰化教育學院的郭惠二教授，試圖回到山地，經管一個模範村的計劃，結果模範村計劃因故流產，而那次再回山地，讓我不敢置信的是，由於電視進入山區，使得原住民族的文化幾近完全流失，少數保存下來的，卻是日治時期的文化遺產。

這是多麼可怕的文化侵略啊！難道連日本人走了，都還能予取予求地用區區的金錢，換取我們最珍貴的傳統文化？

如此揉合着感動、迷惑又驚駭的心情，讓我在東京坐立難安，隔天，便毫不考慮地到橫濱那家古董店買回店中所有的布袋戲偶，同時又透過種種關係，買回「哈哈笑」劇團最早那個被台灣古董商騙賣到日本的戲棚。

那絕不只是一時的衝動而已，我很清楚地告訴自己，只要在我的能力範圍之內，將盡可能地尋回這些流落在外的文化財產；這些年來，雖沒有明確的收藏計劃，但只要是有價值的東西，我都不肯放棄，至今，也才稍可談得上規模。

●

嚴格說來，我是個典型受西式教育的人，加上長年在國外的關係，讓我對藝術或者文化，都懷有較深且闊的世界觀。

最早我在英國唸書的時候，便跑遍了歐洲重要的美術館，後來每次出國，只要有機會，決不會錯過任何一個可觀賞的現代藝術館。

除了參觀與欣賞，我也嚐試着收藏一些美術的東西，收藏的目的，除因個人的喜好，當然也因爲美好的藝術品也是不分國界的！

也許有人會認爲，在這傳統與現代之間，必然有無法調和的衝突之處，我又如何面對呢？其實，我從不認爲這兩者之間會有相互矛盾或衝突之處，任何一種藝術品都有其共通之美，而其中蘊含的不同文化特色，正足代表那個民族的特殊之處，傳統的彩繪與現代美術作品，正是兩類截然不同的作品，正因其不同，我們才能在彩繪中，體認先民的精神與生活狀態，它的價值，除了美之外，更在於它所蘊含的特殊文化表徵。

當然，時代的快速進步之下，傳統的美術、工藝與文化，面臨了難以持續的大難題，導致這個問題的因素頗多，例如政府政策的不當教育的偏頗以及社會的畸型發展，讓戰後的台灣人擁有最好的知識教育，卻完全缺乏生活教育，終造成今天這個以金錢論成敗，從不考慮精神生活的社會型態。

過去，也有許多的專家學者，對這個病態的社會提出不少頗有見地的意見，但我一直認爲，任何一個正常的社會，必要擁有正常的文化。台灣光復以來，政府當局全力追求經濟建設的成長，卻不顧文化水平一直在原地踏步，直到近幾年，有關單位似乎也較積極地從事文化建設；只是，當中共的廣東省政府，花了兩億美元整修一座五落大厝，成爲一座古色古香的廣東地方博物館時，台灣的左營舊城門才剛剛被毀，半毀的麻豆林家也被拆遷，這樣的文化建設又怎能談得上什麼成績呢？

在這種種難題與僵局之下，要重振傳統文化，重新獲得現代人的肯定，甚至立足在世界的舞台上，就不能光靠政府的政策與態度，而是我們每個人都有責任付出關心與努力，用現代化的方法與現代人的觀點，提昇傳統文化的品質，再締造本土文化的光輝。

●

從開始收藏第一尊布袋戲偶起，彷彿便註定我將走上這條寂寞卻不會後悔的文化之路。

過去那麼多年前，只是默默地收藏一些珍貴的文化財產，我當然知道，光如此是不夠的，但直到今天，時機稍稍成熟，才敢進行下一步的計劃。

這個計劃，大概可分爲三個部份，一是成立出版社，二爲創立協和藝術文化基金會，三則創設傳統戲曲文物館。

臺原出版社成立的目的有二；一是專業台灣風土叢刊的出版，這是一套持續性的計劃，計劃每年分三季出書，每季同時出版五種台灣風土文化的叢書，類別包括：民俗、戲曲、音樂、歷史、工藝、文物、雜俎、原住民族等大類，每本書都將採最精美的設計與印刷，用最通俗的筆法，喚醒正在迷茫與游離中的朋友，讓更多的朋友重新認識本土文化的可貴與迷人之處。我深信，只要持之以恆，所有努力的成績不僅將獲得關愛本土人士的肯定，更將贏得國際間的重視；二爲出版基金會的專刊，協和藝術文化基金會成立之後，將有計劃地整理台灣的傳統藝術之美，諸如戲曲之美、偶戲造型以至於建築、彩繪之美……等等。

至於基金會與博物館的創立，則是我最大的目標，這兩個計劃其實是一體的，博物館只是基金會的附屬單位，主要的功用在於展示基金會所收藏的文物與美術品；至於基金會本身，除了推廣與發展本土文化，定期舉辦各種研習營與表演、演講，更將策劃舉辦各種世界性的文物交流展，目的除了讓國人有機會打開更廣闊的視野外，更重要的是讓本土文化立足在世界的舞台上。

讓本土文化立足在世界的舞台上，不僅是協和藝術文化基金會與出版社努力的目標，更是每個關愛本土文化人士最大的期望，不是嗎？畢竟唯有如此，才能重拾我們失落已久的自尊！

（本文獲選入《一九八九年海峽散文選》）

台灣原住民的語言與傳說

──《台灣原住民的母語傳說》前言

現今一般把台灣原住民分爲泰雅、賽夏、布農、曹、魯凱、排灣、卑南、阿美、雅美等九族爲山地族（本書另有賽德克族爲泰雅族，現今的人類學家大都拼爲泰雅族，爲忠於原書之分類，今仍照譯出）。西拉雅、洪雅、巴布薩、拍宰海、拍瀑拉、道卡斯、凱達格蘭、卡瓦蘭等八族爲平埔族。

依據東京刀江書院刊行的『原語によふ台灣高砂族傳說集』，以語言區分爲㈠現今仍使用固有語言的族人，㈡使用有些程度的固有語言的族人，㈢已經不使用固有語言的族人等三類。

屬於第㈠類的族群爲一、泰雅、二、賽德克（可視爲泰雅方言）、三、賽夏、四、布農、五、曹、六、卡那布亞（視爲曹方言）、七、沙阿魯亞（視爲曹方言）、八、魯凱（含下三社及大南社方言）、九、排灣、十、卑南、十一、阿美、十二、雅美。

屬於第㈡類，一般使用台語，而在家庭即使用有些程度的固有語言的族群爲一、卡瓦蘭（住宜蘭平地及花蓮境內平地）、二、拍宰海（住苗栗鯉魚潭、豐原大社、埔里）、三、曹（住日月潭附近）。

屬於第㈢類，原有固有語言已不使用，僅留存於古老的記憶，一般使用台語的族群為一、凱達格蘭（住台北、基隆、淡水、桃園及宜蘭一部份）、二、道卡斯（住新竹、苗栗、竹南、大甲、部份移住埔里）、三、拍瀑拉（住沙鹿、大肚，部份移住埔里）、四、巴布薩、（住彰化、社頭、西螺、部份移住埔里）、五、洪雅（住南投以南、嘉義南部、部份移住埔里）、六、西拉雅（住新化、新市、麻豆、蕭壠等台南附近，部份移住台東）。

不過這種區分係一九三〇年代的情況，經過六十年後的現今，已經變化很多了。原屬於第一類族群的語言，大多改變成第二類的趨勢，而原第二類族群的情況已經不存在了，跟第三類一樣完全同化為台語的族群。

蒐集在這本書的傳說，是屬第一類族群的固有語言（母語）故事。採錄傳說的地點、時間及口述者姓名等，列記如次：

一、泰雅（Atayal）

①大豹社（新竹大溪、角板山）傳說十七則

採錄：一九三一年十二月至一九三二年十月。

口述：lausig watan，大豹社人、三十歲，府立醫專畢業、角板山駐在所公醫

②達哥南社（竹東、希巴吉社）傳說十一則

採錄：一九三二年十月

口述：jukan liang 男、四十八歲、talo: silan 男、十八歲

二、賽夏（saisiyat）

①大隘社（新竹竹東、布巴吉社）傳說七則

採錄：一九三一年十二月

口述：atau taiau男、五十三歲、taio:junao 男、六十一歲

三、排灣（pai wan）

①卡知萊社（高雄恒春）傳說十七則

採錄：一九三二年八月

口述:Kavak 'a losiazan 男、二十八歲，台南師範出身，小學訓導

②內文社（高雄潮州）傳說十七則

採錄：一九三二年八月

口述：Vulag rovaniau 男、二十七歲

③力奇力奇社（潮州）傳說七則
採錄：一九三二年八月
口述：Pulalujan 'a kazagilan頭目

④克拉勞拉（潮州）傳說十則
採錄：一九三二年八月
口述：maitsal 'a palivul 男、四十九歲
Komad 'a culug 女四十一歲 polaga 'a palivul男四十九歲

⑤大鳥萬社（台東大武）傳說三則
採錄：一九三二年八月
口述：ligie 'a dalialip男五十一歲
Kapucajan 'a takelivan男四十歲

⑥大麻里社（台東）傳說三則
採錄：一九三二年八月
口述：tsivluan 'a toagado男五十歲

⑦內社（潮州）傳說二則
採錄：一九三二年七月
口述：alutsagal a lovanian男六十八歲、頭目

⑧卡比揚社（潮州）傳說三則
採錄：一九三二年七月
口述：Kivan 'a tsolok男二十八歲

⑨下排灣社（屏東）傳說七則
採錄：一九三二年七月
口述：dipug 'a tsapolal男十六歲

⑩篤文社（屏東）傳說五則
採錄：一九三二年七月
口述：monino 'a patsikil女頭目、四十歲
pari 'a taotig男50歲

四、卑南（Puyuma）

①卑南社（台東）傳說七則
採錄：一九三〇年八月、一九三二年八月
口述：densai 男二十八歲、農專畢業、bal-iwakis i katalupan男二十歲、台南師範學生

②知本社（台東）傳說一則
採錄：一九三二年八月
口述：autsian 男三十歲、台南師範出身、公學校訓導

五、魯凱（Rukai）

①大南社（台東）傳說三則
採錄：一九三〇年七月
口述：taipak男二十五歲、台東農補校出身

②達拉馬勾社（屏東）傳說五則

採錄：一九三二年七月

口述：ideiis,tsamaki,amar

③痲卡社（下三社痲卡方言、屏東）傳說十則

採錄：一九三二年八月

口述：bibija

④特那社（下三社特那方言）傳說九則

採錄：一九三二年八月

口述：ILigan

⑤毛投蘭社（下三社，毛投蘭方言）傳說六則

六、阿美（Ami）

①奇密社（花蓮、瑞穗）傳說十一則

採錄：一九三一年八月

口述：taai sapol 男七十歲、前頭目、kat-seo majao男五十歲、頭目

②蓮卡砦社（花蓮、瑞穗）傳說四則

採錄：一九三一年八月

口述：majau kolel男三十二歲

③太巴朗社（花蓮）傳說七則

採錄：一九三一年八月

口述：mamo majao男五十歲、頭目，alang kalo男六十歲、祭祀者

④荳蘭社（花蓮）傳說二則

採錄：一九三二年八月

口述：tavai dosak男三十九歲、頭目

⑤馬蘭社（台東）傳說七則

採錄：一九三〇年八月

口述：pailang 男三十歲

七、賽德克（Seedeg）

①太魯閣方言（伊保荷社）傳說七則

採錄：一九三一年九月

口述：dawai umau 男五十四歲

②霧社方言（霧社）傳說六則

採錄：一九二七年八月

口述：paran ao sama 男四十五歲

八、布農（Bunun）

①卡特格蘭社（中部方言・玉山）傳說十二則

採錄：一九三〇年八月

口述：pajan tannapimma 男六十五歲

②丹大社（丹大）傳說十九則
採錄：一九三〇年八月
口述：itteki soheggan 男四十五歲
③人倫社（人倫）傳說五則
採錄：一九三〇年七月
口述：biong takeskaivagan男五十四歲頭目
④達馬洛灣社（北部方言，日月潭）傳說十四則
採錄：一九三〇年九月
口述：tsibil laksikaban 男四十一歲
⑤伊巴荷社（巒大）傳說十一則
採錄：一九三〇年八月
口述：bukkua palabe男二十一歲
⑥郡大社（巒大）傳說二則
採錄：一九三〇年八月
口述：lanixo palidavan男六十歲

九、曹（Tsou）

①楠你脚萬社（魯夫特方言，玉山）傳說三則
採錄：一九三一年九月
口述：mamahabana mo usafana男四十歲
②特富雅社（阿里山方言）傳說四則
採錄：一九三二年八月
口述：akoiono pasuja 男五十五歲
③海仙社（沙阿魯亞方言，楠梓仙溪）傳說八則
採錄：一九三一年八月
口述：tabujana uligana 男三十二歲
④那奇沙魯社（卡那布亞方言，楠梓仙溪）傳說七則
採錄：一九三一年八月
口述：Vovo Voruwana 男三十六歲

十、雅美（Yami）

①伊魯毛特社（紅頭嶼）傳說二則
採錄：一九二八年八月
口述：saman dzagolit男五十歲
②伊拉拉萊社（紅頭嶼）傳說三則
採錄：一九三一年九月
口述：silanui男三十五歲
以上傳說計二八四則，但其中有類似的故

事，經整理後，傳說的種類即計四十九則。

這些原始的傳說，許多都已被人們淡忘了，但當初日人整理這些資料，非但花了許多苦心，更找出了許多珍貴的資料，無論對原住民的研究或認識原住民，都有相當重要的意義，因此我才翻譯出來，一方面希望能幫助有興趣的朋友認識台灣的原住族群，更希望藉著這本小書，讓大家體認母語與母文化的重要性。

台灣原住民的母語傳說

陳千武／譯述

目錄

附錄

1／共同神話

洪水神話

一、諾亞的方舟

世界普遍有名的「洪水」神話，該算基督聖經創世紀裏的「諾亞的方舟」。

諾亞時代，遇到洪水，是因爲神看到「人在地上罪惡極大，終日所思念的盡都是惡」，而後悔創造他們，才要使洪水氾濫，毀滅他們。

只有諾亞是義人，與神同行的完全人。神爲了要留「種子」，才告訴諾亞，用歌斐木造一隻方舟，全長三百肘，寬五十肘，高三十肘，分間造成上、中、下三層，上邊留高一肘的透光

●「諾亞方舟」是世界著名的洪水神話。

處，門開在方舟旁邊，除了諾亞一家人之外，還要允予潔淨畜類七公七母，不潔淨畜類一公一母進入方舟，躲避洪水。七天後二月十七日，洪水便氾濫。大淵泉源都裂開，天上窗戶敞開，四十晝夜下大雨在地上，水勢浩大。經過一百五十天的七月十七日，水才漸消，十月一日山頂出現。四十天後，諾亞打開方舟的窗戶探視地上，到翌年二月二十七日地面都乾了，始走出方舟。活下來的諾亞，爲了感恩築壇，拿各種潔淨的牲畜燔祭神，神才不再因人的緣故咒詛地上，冬夏、晝夜永不停息。

這則聖經的洪水故事，宗教意味很濃，主張神是造物主，是以宿命論爲基準而傳說。

二、亞洲大陸的傳說

亞洲大陸的洪水神話，依據日本築摩書店一九八三年出版，君島久子女士蒐集的「中國神話」，即有藏緬語系的彝族、傜僳族、納西族、苗傜語系的苗族等，流傳了洪水故事。

一、彝族的「竹子的兒子們」，故事是忽然洪水來，淹沒了村子。水中漂流著一支長竹筒，有一個女子緊抓住竹筒，一起不知漂流了多少日夜。洪水消退了之後，單獨留下來的女子，寂寞地邊哭邊吹口琴。悲傷的音調打動了竹子和飛鳥們，而成爲好朋友。不久，女子的臉紅了，她抱著竹子，沈思著想要生孩子。飛鳥們告訴女子，用石頭打破竹子的一節，結果嬰兒從竹子裡生出來。女子因沒有乳汁餵嬰兒，感到悲傷而哭了，嬰兒卻吸吮淚水，立刻長大。女子把剩下的竹子節打破，一共生了五個孩子，後來都成家，傳下彝族的子孫。迄今彝族們還很喜歡竹子，都知道自己就是竹子生的人。

二、傜僳族的「創世紀」是一長篇的敍事詩。因七天七夜的黑雲又九天九夜的暴風，江水盈到天邊，人類都滅絕了。只有在葫蘆裡的兩個兄妹沒有死。經過九天九夜，江水消退之後，找不到對象，兩兄妹便結婚，生了七女九男，成家之後，分成傜僳、漢、怒、獨龍、藏、彝、白等七種語言七族的祖先。

三、納西族的「人類遷徙記」，是九個男神和七個女神創造了天地。天聲和地氣結成三滴白露變成大海，海中產生一位神，神的第七代就是人類的祖先。當時五個兄弟和六個姊妹，因找不到對象，就兄妹通婚，因此觸怒了神意，發生大洪水。人類的祖先求神寬恕，神告訴他用犂牛皮做鼓，帶羊、狗、雄雞和九種穀物、刀和打火器，藏進皮鼓裡，漂流了好幾天，只有他沒有死，碰到山腹，才跳出來。然後遇到一位天女，經過天神的難題測驗，終於和天女結婚，生了三個兒子，分別去三個不同的地方，方做三個族的祖先。

四、苗族傳說「保全生命的兄妹」，是有個勇敢的父親，因村民害怕雷雨，就去捕捉天上的雷公關在檻子裏，告訴兒女不能拿水給雷公喝。父親出外工作時，兄妹不忍心雷公的要求，只滴給雷公一滴水潤濕舌頭。雷公得了活力跳出檻子，拔一顆牙齒給兄妹埋在土裡，只一個晚上就發芽、長大，結一個大葫蘆。父親知道雷公逃跑了會有災禍，也立刻造了一隻鐵船，在洪水氾濫中，父親乘鐵船，兄妹躲進葫蘆。洪水盈到天門，父親向天神控告，天神命令水神退水。水一下子退了幾千丈，父親乘的鐵船墜落地面粉碎，父親死了。只有輕飄飄的葫蘆救了兄妹。爲了人類繁衍，兄妹結婚生了一個沒有頭手腳的肉塊，兄妹很悲傷，把肉塊切成好多片，包入袋子，要到天去問天神，但在半空，袋子裏肉塊的碎片被風吹得散落到地上，片片都變成了人，才有人繁殖下來。

三、台灣原住民的傳說

台灣原住民各族也有母語的洪水傳說。除將泰雅族大豹社及曹族卡那布亞方言傳說，另予譯述外，其他各族的洪水傳說摘述如次：

一、泰雅族達克蘭社住民遭洪水時，逃到大霸尖山跟野獸和蛇住在一起，相處得很好，爲求神息怒，選上等的狗獻神投進水裡，但無效。再選優秀的泰雅族人投進水裡，水才消退。因在洪水裡鰻魚亂鑽，土地才變成有高山溪谷。後來有個骯髒神，要求泰雅族人給他洗澡。族人不理，神便不保護人，孩子才容易病死，成人也會老而死。生命才像現在這麼短命。

二、排灣族內文社與大鳥萬社，均爲洪水來了，只有兩個兄妹抓住樹枝或草救了命，因洪

●台灣原住民各族也有關於洪水的神話。

水沒有火，用樹枝磨擦鑽火，或甲蟲口銜火繩來，才用火煮東西。兩兄妹結婚，生下盲目、跛腳、瘰癧的孩子，把瘰癧的孩子送去平地，跛子或盲目的送去台東，好的孩子留下來傳宗接代。他們都相信，會生下瘰癧盲目的孩子，是因爲血親結婚的關係。

三、排灣族下排灣社的傳說是，在平地有個叫達洛凡的怪物，河川的水是流進怪物嘴裡去的，因怪物的嘴閉下來，河水流不進去才成災。人們逃難到妥馬巴來山和霧頭山。妥馬巴來山的人沒有火，派小鹿去霧頭山取火，才有火煮飯。不久，怪物達洛凡的嘴張開，積水才消退。水退後，頭目發現蚯蚓吊在樹枝上，便給蚯蚓食物，蚯蚓脫糞成土，才有了耕作的土地。

四、魯凱族的瑪卡方言「創世紀」傳說，是海水湧來，住民逃難到山上住了五天。祖先沙布來將水退回去。剩下地面的水，被雌雄兩隻狗喝乾了。

五、魯凱族的特那方言及曼斗蘭方言「創世紀」傳說，是洪水時，人們逃難到帖巴達蘭山，派羌去取火，但火熄了，便學會蒼蠅揉手的方法，轉捻樹木生火。

六、賽德克族太魯閣方言傳說，是海水增滿了土地，人們躲避在特瓦卡山。爲了求神，把壞女人投進海，水不減退。改把一對好青年男女，推入簸箕放入海裏，漂流到海的源流，清除很多垃圾，海水才暢通退水。水退後，留下很多魚吃不完。

七、布農族卡特格蘭社、人倫社、伊巴荷社傳說，是大蛇攔住了河流成災，族人避難到玉山和卓社大山。玉山有火，卓社大山的人派蝦蟆去玉山取火。蝦蟆潛水，火熄，重新派林達魯鳥去，也失敗。最後介寶鳥去取火成功。螃蟹去和大蛇決鬥，把蛇剪斷，水才消退。

八、曹族魯夫特方言和特夫耶社、沙阿魯亞方言傳說，均謂怪鰻橫臥在河流堵塞著，土地才變成海。巨蟹或野豬和怪鰻決鬥，剪破了怪鰻的肚子，水便消退。

九、雅美族伊莫魯社伊拉來社均傳說，是懷孕的女子到海上，把珊瑚倒翻過來，觸犯了神怒，才有海水灌進陸地成災。這一水災經過十年之後，才退潮水乾。

●泰雅族分佈於台灣中部埔里以北之整個山區。

四、泰雅族的傳說

古早古早，沒有深谷也沒有懸崖，地上沒有凹凸，只是平地而已。後來有山，卻是很小很小的山，也有河川，但河川的水，不知要流向何處去。

如此有一天，洪水來了，從小小的山澗或溪谷，湧出了很多的水，眼看著水逐漸增多，終於變成海了。住民們一直躲避，從平地逃到小山，再逃向大霸尖山方向去。可是水還是一直增加，氾濫著追過來。住民們終於被趕到大霸尖山的頂峰。野獸和蛇也都逃難到大霸尖山，跟泰雅族住在一起，相處得很好，從沒有打過架。

被困在山頂的住民們便商量，說：「這些水，氾濫的原因是什麼呢？是不是我們族人觸怒了神？神對我們族人要求什麼？不妨選一個人犧牲當禮物獻給神，怎麼樣？」

他們從族人當中選一個最無聊，死了也無所謂的人做牲禮，祭拜了之後投進水裡。以爲如此做，水會安靜下來逐漸消退，可是水發出激烈的聲音，反而氾濫得更厲害。不行，大家又商量，說：「我們獻給神最無聊最無價值的人，看起來神必定很生氣。應該把頭目最好的女兒獻給神，怎麼樣？」

大家要求頭目，頭目雖然很疼愛獨生女，但爲了救族人，必須順從神意，便允許大家的要求，把女兒獻給神，投入水裡去。瞬間，水發出轟隆轟隆聲音，像山崖崩毀的情況，急促退潮了。

不久，露現出來的土地，形成高深的溪谷和山崖，留下水流過的痕跡。好多魚和鰻魚，到處散亂著，住民們吃魚都吃不完，任其腐爛，臭味彌漫在地上。

然後，泰雅人的祖先回到原住的地方來，他們沒有把粟的種子丟棄，恢復開墾種粟。

有一天，有個習慣進入糞便裡的神，向泰雅人說：「如果你們願意洗淨我的身軀，我就使你們像百日紅樹般依序剝皮，永不年老，長壽不死。」可是沒有人願意替那個神洗澡。神便哭著說：「你們不理我，覺得洗我麻煩，那麼我不想再保護你們的孩子，讓魔鬼容易奪走孩子的生命。我不想保護的人，就讓他自然活，活到命數盡了自然死去。」

後來，大家才知道那個神沒有說謊。族人的孩子很容易病死。而神不想保護的人，到老也死去。族人的生命，才成爲現在這個樣子。

五、曹族卡那布亞力方言傳說

鰻魚游來橫臥，堵塞了河水，水便暴漲起來。住民們拚命地逃，逃到高山去。水追來淹沒了山，住民們遷到藤包山去，跟野獸住在一起。山上沒有火，不能煮飯。看達奴英茲山有火。住民們相量要僱人去取火。山羊自願去取火，游水過去，取了火回來。大家高興有火煮飯了。住民們商量消退洪水的方法。勇敢的豬說：「我去殺鰻魚。不過，請你們答應我，讓我的孩子們，永遠有食物吃。因爲我去跟鰻魚打鬥，打贏了，也會被洪水流走。」大家答應了。豬便潛水游過去，跟鰻魚打鬥了一陣子，咬斷了鰻魚的肚子。沒有鰻魚堵塞的水，急激地退潮了，豬和鰻魚都被水沖走，不知去向。因水浸蝕，土地成了凹凸，也有高地。地面滿是泥濘。水乾了以後，人和野獸就分開。祖先說：「我們要做人，你們去做野獸吧。」野獸說：「我們會嗅到你們的味道。」祖先回答說：「可是我們還是要射殺你們。」從此以後，野獸看到人都很害怕。

●曹族以父系氏族組成社會。

征伐太陽

一、一般傳說

創世紀的神話裡，有關征伐太陽的傳說，相當普遍。例如中國古代堯舜的神話，也有十個太陽出現的故事。

——十個太陽燃燒起來，光熱非常強烈，燒壞了地上的事物、生命，妨礙人類的生存。堯不得不求助天帝，天帝指派弓箭高手羿去討伐太陽。羿遵照命令，帶妻嫦娥下降地界，終於射殺九個太陽，留下一個，傳到現在。當時被射殺墜落下來的九個太陽，都現出三隻脚的烏鴉原形。等於烏鴉就是太陽精變的。

還有，雲南地方的布朗族，有巨人克米亞的故事。說克米亞創造天地之後，太陽九個姊妹和月亮十個兄弟，都嫉妒克米亞創造的世界太美，跑來要破壞地上的生物。那麼多的太陽和月亮的光熱，燒壞了不少地上物，這使克米亞很生氣。他爬至山的最高頂上，用強力的弓箭，射殺八個太陽和九個月亮，留下一個太陽和月亮要逃跑。克米亞瞄準逃跑的太陽和月亮，射出最後一支弓箭。弓箭掠過月亮身邊，沒有射中。可是這次驚險嚇壞了月亮，流出很多冷汗，全身便冷卻了，不再發光。

在亞洲大陸其他弱小民族的神話裡，當然也有類似的征伐太陽故事，不勝枚舉。

二、台灣原住民間的傳說

台灣的原住民，依其母語承傳的征伐太陽故事，經查共有十一篇之多。其中布農族伊巴荷社及曹族的傳說譯述於後外，其他九社的征伐太陽故事，概說如次：

一、泰雅族的大豹社（新竹大溪角板山），傳說有一個太陽，半年才現身一次，造成半年白天半年夜晚的不尋常現象，住民很不方便。因而選出年輕力強的三個青年，各揹著自己的嬰兒去征伐太陽。去的時候，一路種植柑橘，準備做回程的路標以及充飢用。還沒到達目的地，三個年輕人已經變成白髮蒼蒼的老人，終於死去。而原來的嬰兒長大成年，繼續父志，結果完成了射傷太陽的任務，使太陽正常在白天每日出現。其中一個人被太陽噴出來的血燒死，沒有死的人，吃了柑橘回到家，也變成白髮的老人了。

●泰雅族傳說中的太陽，半年才出現一次。

二、排灣族下排灣社（屏東）的傳說，是天低矮，又有兩個太陽輪流出現，人民很艱苦，幸好有一天，特卡尼家人搗粟的時候，不小心拿杵撞到天，天昇高，其中一個太陽掉落下來，才有了夜晚。

三、魯凱族的下三社和特拿社（屏東），二社的傳說有兩個太陽輪流出現，沒有夜晚，不能睡覺，便有兩個孩子去討伐太陽，到達太陽的地方，孩子已經是大人了，很有力氣地射死一個太陽。而一個人被太陽燒死，一個人生還回到村裡，變成了沒有牙齒的白髮老人。

●全身獵裝準備上山行獵的布農族人。

四、賽德克族的太魯閣社傳說，也是兩個太陽，沒有夜晚，夫妻不能做愛。有一對男女去征伐太陽，射中一個太陽流血，疤痕冷卻變成月亮。男女回到村裡，已經是白髮的老人。

五、同爲賽德克族的霧社，傳說有兩個太陽和兩個月亮一起出現。一個壯年父親帶一個青年和一個小孩去討伐太陽。父親沒有到達目的地死了，青年變壯年，射死一個太陽和一個月亮，也射中另一個月亮受傷，才有了白天的太陽和晚上的月亮。變成壯年的青年，在回程路上也死了。只有孩子，變青年，又壯年，回到家已經是白髮的老人。

六、布農族的卡特格蘭社傳說太陽和月亮是兄弟，沒有夜晚。只有白天，人們必須不斷拼命耕作。孩子才被太陽曬乾，變成蜥蜴，父母很悲傷，才去征伐太陽。內容跟另一個伊巴荷社相同。

七、沙洛瓦（屏東）方言的四社部落，傳說太陽過熱，青芋不長大。兩個男人用麻絲捻成繩子，綁在家屋柱子，便爬繩子上天去射太陽。太陽流血，血很燙，一個人跳入水裡，被太陽

●征伐太陽，得到暖和生機，是許多原住民傳說的意義。

熱量燒滾的血水燙死。一個人躲進黑暗的岩窟一年，很苦。後來人跟野獸們商量，用牲禮祭拜太陽。可是蚯蚓躲進地下，魚群浸在水裡，不願送牲禮。只有人跟野獸們，備送牲禮祭拜，才跟太陽講和。

八、雅美族（紅頭嶼）的傳說，是天和太陽低矮，小孩被陽光照得很熱很苦。媽媽跑去用針刺傷太陽，巨人把天推高了。才有現在這樣的天和太陽。

三、布農族傳說

古早祖先的時候，沒有月亮，只有兩個太陽兄弟，輪流出現，沒有夜晚。人必須拼命地耕作。累了，懶惰的人睡在石垣下，勤勉的人睡在石垣上。因爲陽光很熱，父母在耕作的時候，把羊皮舖在地上，讓孩子睡。孩子卻被太陽曬乾了，變成蜥蜴。父母很悲傷，便去征伐太陽。去的時候，父母一路上種橘子。然後，到達太陽的地方，放箭射太陽，射中了右眼。太陽用雜布擦眼睛，一個眼睛終於瞎了。那個太陽變成月亮。因變成月亮很生氣，想要抓人，用手抓，但人的個子小，從月亮的手指間溜走了。月亮把射中太陽的人，踏在腳下，但人的個子小，從月亮的腳指間溜走了。

他們就要回家，由於月亮被射傷，太陽不敢出來。天天都黑暗，沒有食物，也沒有火柴，人很艱苦。射中太陽的人要在黑暗中走回家，便投石頭。如果石頭落在草上，再把石頭投到別的地方，石頭碰到路，才前進。首先投石頭，石頭打到羌仔，羌仔正在沖水，被石頭打到了很生氣，山羊也很生氣，便大聲喊叫。聽到喊叫聲，太陽才探頭出來看。

月亮原來就是太陽。變成月亮的時候，跟著人走，並告訴人要祭祀。月亮說：「不要吃甜味的東西，違反了會有饑饉。」

射中太陽的人，回家時橘子已經結實了，就吃橘子充飢回家。他的家留有兩個兄弟，一個是癡獃子，一個是聰明人。他叫兩個兄弟用手捧糞。聰明人說：「那是臭東西。」不願意接受。癡獃子很聽話伸手接受了，接到的東西都是美麗的頸飾。聰明人也想要頸飾，伸手去接，接到的卻是從腔門出來的不好的頸飾。

月亮說：「今後必須祭祀。新月出現要祭祀，滿月也祭祀。」從那個時候以來，我們布農族都要舉行頸飾祭典。如果，滿月時不祭拜，孩子會死，祭拜了孩子會長生。所以必須遵守祖先傳下來的祭祀。

四、曹族傳說

有個女孩子是孤兒，沒有人替她去獵野獸當食物。她便自己拿網到河邊去撈魚，撈了幾次都撈不到魚。流木勾上網，她把流木除掉。每次放下網撈魚，網都被流木勾上。不得不把流木挾在褲帶子，說：「帶回家做薪柴燒。」邊說邊走，回到家，流木卻不見了。緊緊挾在褲帶子，怎可能會遺失？流木，眞的遺失了。可是，不久她懷孕了。生了流木的孩子，孩子長大了。

孩子的智慧很高。看到鳥，舉手，手指指向鳥，鳥就墜落下來。孩子越來越長大。手指指鳥，鳥就死，指鹿鹿就死。用弓箭射鹿或豬的腳印，鹿豬也就死了。

「他獵物的工具是甚麼？」大家商量說：「我

們來騙取他的工具。」有一天來到山上，大家叫他去汲水。他去汲水，大家就拿了他的皮革帶子，打開，查看他的弓箭。他的弓是用豬肋骨做的，箭是豬的肩骨做的，簡直是孩子的玩具嘛，大家便嘲笑他。

他回家，告訴母親說：「媽媽，大家都笑我的皮革袋子。」母親說：「笑有甚麼關係。奈巴拉牟吉（孩子的名字），你帶來薪材要做甚麼？」孩子說：「我要去射太陽，要跟朋友去。」因爲古早的太陽有兩個，只有白天，沒有夜晚。

奈巴拉牟吉使用麻絲做繩子，把繩子綁在家屋的柱子，拖著繩子，來到太陽休憩的地方，躲起來。

太陽出來了。奈巴拉牟吉說：「朋友啊，我把弓箭射出去，你就跟著我跳進水裡。」

太陽出來了。太陽脫掉熊皮大衣，在地面拍拍，撣了幾次，說：「誰啊，誰在我休憩的地方？」

奈巴拉牟吉使勁地拉圓弓箭射出去。太陽被他射中了。他們跳進水裡。朋友的動作緩慢了一點，被太陽的血噴到了。太陽躲起來，一瞬，地上都變黑了。他們摸黑回家。黑暗繼續了很久，人們都感到很不方便，也沒有東西燒火，又沒有食物。他們不得不燒了旱田的茅屋，利用燒茅屋的火光去掘芋。黑暗繼續了很久。

後來，人們拿牲禮去祭拜太陽，太陽才敢出來。太陽出來探頭一下，又縮回去，回到西邊去。太陽能出來探頭一下，又回到西邊去，這樣才有白天和夜晚。原有兩個太陽，因爲一個被奈巴拉牟吉射殺死了，現在，才剩下一個。

五、傳說的意義

征伐太陽傳說的內容，有類同與相異的地方。但均因太陽的光熱過烈，燒壞了地上的生物無法生存，或曬死了孩子不能傳後代，才不得不去征伐太陽。從太陽擬人化的故事來看，陽光過烈是暗喻人類的現實社會，上層階級有權力者的蠻橫，人民不堪接受多餘權勢的壓迫，才要征伐太陽。征伐後留下一個適當有利於生活權益的太陽和月亮，能得到暖和生機爲理想，這就是傳說啓示的意義吧。

女人國

一、阿美族傳說

有一天，一個叫沙拉旁的人去海上捕魚。午餐時刻就在島上起火。當火燃燒起來時，島竟開始漂流，向海中央流去。他很焦急，心裡嚇死了。然後察看清楚，才知道那不是島，而是鯨魚。他趕快把火弄熄，鯨魚才慢慢地游到海岸。沙拉旁立刻跳下，走到娃利散地方去。

「這裡是什麼地方？」

他正在探視周圍的時候，被娃利散人抓到了。而住在娃利散的，全都是女人。女人們檢

●阿美族有一個漂流至女人國的傳說。（劉還月／攝影）

查了沙拉旁的身軀，說：「咦！這兒有尾巴，持有這種異樣的東西，還算是人嗎？」大家都感到奇怪。她們說尾巴，其實就是他的男根，女人們都沒有看過。有個老婆級的女人說：「有尾巴的當然不是人，一定是豬，我們應該建造木柵，把豬關起來，好好飼養，養肥了再屠殺。」於是她們便把沙拉旁關在牢固的木柵裡，天天給他吃好的食物——肉和飯。其實娃利散人不吃東西，只吸煮食物的蒸氣而已。

沙拉旁在牢裡被關了二個月。每天送東西來給他吃的女人，由於天天接近他，不久便對他生情了。有個晚上，她潛入沙拉旁睡的地方，和他同衾。不久，女人懷孕了，產期後，生下了一個男嬰。全部落的人知道她生孩子，都跑來看嬰兒。她們說：「像這樣有尾巴的嬰兒，算是怎麼樣的人呢？」大家都覺得很不可思議，於是每個人都輪流伸手拉了一次嬰兒的男根，男嬰竟因此而生病死去。

沙拉旁肥了。娃利散人商量道：「我們的豬，已經到了可以屠殺的時候了。」沙拉旁聽到這個消息，相當害怕，準備逃脫牢柵。幸好，那天送飯的女人把晚餐送來，有個鐵片在食物裡。沙拉旁拿起來看清楚，眞是一支小刀。他非常高興，等到娃利散人都睡了，便用小刀把綁著木柵的籐子割斷，打開一個剛好能夠穿過身子的洞，立刻逃跑了。他跑到他原先漂流來時的海岸，看見西邊海上有個大岩石，預感自己不趕快離開這裡，必會被抓到，於是拚命地游到大岩石去。

第二天，娃利散人去豬舍時發現沙拉旁不在了。娃利散人非常憤怒，一夥人便拿著弓箭去追沙拉旁。她們的狗沿著路向前走，走到海岸。可是沙拉旁站在岩石上時，有一條鯨魚出來對他說：「你是怎麼了？爲甚麼在這裡哭呢？」沙拉旁把經過的情形告訴了鯨魚，並且說：「我要回家，但不知道怎麼回去，所以我哭了。」鯨魚說：「如果你願意坐在我的背上，我可以帶你回去。不過，我潛進海裡時，你如果感覺呼吸困難，就咬我的耳朵，我才會浮出海面讓你呼吸。」沙拉旁聽了很高興，爬上鯨魚背上，鯨魚就出發了。在海裡，鯨魚從水裡浮上海面三次，讓沙拉旁休息。

不久，終於到達沙拉旁的村社海岸。沙拉旁從鯨魚背上下來問：「朋友啊！你到底是誰？」鯨魚說：「嗯！我叫馬啾啾，是專救好人的馬啾啾。」沙拉旁說：「啊！原來你是海神，你救了我並送我回來，我會永遠記得你。」他們互相敬禮之後便分離了。分離時，馬啾啾說：「你們在社裡有祭典的時候，一定要用一隻白雞，還有用麵包葉子包的粟餅和豬肺送到海邊來祭拜。」沙拉旁說：「這一點，我一定做到。」就回家去了。

沙拉旁回到村社，可是家屋和道路都變得跟以前不一樣了。他問人家說：「我是沙拉旁，我的兄弟家在哪裡？」可是，對方卻回答說：「你說謊，沙拉旁很早以前就死了。」沙拉旁說：「我沒有死！我自己去找好了。」他找到了家，告訴家人他回來了。家人卻說：「不對，你雖然像沙拉旁，但是沙拉旁前年已經死了。」沙拉旁說：「我沒騙你。在我出門之前，曾把磨刀石放在踏台下面，你們找找看。」家人去找的結果，果然有磨刀石，因而母親和兄弟們都高興極了。沙拉旁說明了事情的經過，並告訴社裡的人，要到海邊祭拜的事。從此，社裡有祭典，就照他所說的做了。

沙拉旁對家人說：「若我死了，就把我的膽子，拿去海邊給馬啾啾看吧！」後來沙拉旁死了時，家人就依照他的遺囑，拿他的膽子去放進海裡。現在海水鹹的原因，就是放進了沙拉旁的膽子的關係。還有，海水那麼青藍，也是沙拉旁的膽子的關係。

二、排灣族傳說

喬拜拜部落的人，都是女人，沒有男人。有一次，女人們互相商量說：「我們應該生孩子。」於是大家就到山上去，背著山溪，露出屁股俯伏下來，讓風吹進去。就這樣她們懷孕，生了孩子。可是生出來的都是女人，而且都是殘障、不健康。因此，她們就再次到山上去俯伏。剛好，有喬扎扎的勇士們來到那兒狩獵，從樹林間看到女人們露出豐滿的屁股，排成一列在那兒。「爲什麼女人們那樣露出屁股俯伏著呢？」男人勇士們很同情，便去安慰她們，然而女人們都很喜歡男人，抓住他們就不放了。這一次

●泰雅族是僅次於阿美族的第二大族群。

都生了男孩子。這個社裡的人口才增加起來。

三、泰雅族傳說

在一個山水優美的地方，住民全都是女人。她們感覺陰部乾渴而發情，就到懸崖上去，張開雙腿，讓風吹進陰部，等著懷孕。可是，如此生出來的孩子，無論生多少都是女嬰。這裡雖然全是女人的部落，但並不是沒有頭目，有一個老女人當了頭目。而這裡的女人們，從來沒有看過男人。

有一天，亞泰雅族所豢養的一隻狗走失了。亞泰雅人便出去找狗。走了很遠，迷路了，走進那些女人們的國度裡去。

男人問：「妳們有沒有看到狗？我那隻狗會追山豬，牠不見了，有沒有跑到這裡來？」

女人說：「沒有啊！我們這個地方，從來沒看過狗。」

男人說：「既然沒有看到狗，我就到別的地方去找！」

男人轉頭要離去，女人卻走過來挽著他說：「等一下，我看見你股間垂吊著搖晃的東西，那是什麼？我們這裡都沒有看過！……」

男人說：「妳，妳是女人，我們的地方也有像妳這樣的女人。不過，嗯！妳們這個地方，沒有男人嗎？」

「男人！」女人說：「如果你不介意的話，

能否讓我們試一試？」

男人說：「這，必須到妳的寢室去。」

女人說：「我帶你去，請你讓我們每個人都嘗試一下好嗎？」

亞泰雅人被帶到她的寢室去。女人們都紛紛趕來，依序和男人嘗試了未曾接觸過的東西。可是，無論她們再三再四的搖動，也未能得到滿足。那是因爲女人太多，他的東西實在無法讓全部的女人滿意。最初交完的女人便去請頭目來。

老頭目進入寢室，但男人經過那麼多次的交鋒，即使想要讓女頭目高興，也無法成功。她埋怨道：「妳們爲甚麼不讓我先來？妳們都不尊重我這個頭目，像這樣重要的事情，都不先告訴我！」

老女人很生氣，便拿著刀子，把已經毫無力氣的男人的根切斷了，男人也就死了。

亞泰雅的家人，等了好久，男人都不回來。後來派人出去打聽，才知道被女人國的頭目殺死了。族人說：「她們爲什麼要殺死我們的人？我們也去把她們殺死！」

亞泰雅族人因此結隊到女人國去，包圍了全部落，並用槍攻擊房屋，但是女人們都沒有出來，毫無動靜。族人慢慢的走進去，突然有很多土蜂飛出，族人們被土蜂螫得很厲害，而女人們仍不見出來。族人們回到家，衣服上附著紅蟻和蜜蜂、土蜂等，那些蜂蟻都在族人住所樹木造巢。從此以後，蜂造巢，族人就燒巢拿來吃，味道很好。

事後，女人國的人說：「他們來殺我們沒有成功。他們停止攻擊，是因爲害怕山蜂。」可是亞泰雅族人卻反駁說：「那是因爲我們要讓敵人疏忽大意。」然後族人又去包圍敵人，突然放火把房屋周圍的芭茅燒了。蜂和蟻和女人們都被燒掉了，房屋也燒焦了。

他們到燒過的房屋去看，有一個豬舍，一個小女孩在那兒顫抖著。男人們說：「我們找到一個女孩子，眞幸運。」便背著女孩回家，交給泰雅堪社的人領養。養育長大後，便給了她一個丈夫。於是生下一個孩子，嗣後他們所需要的，無論甚麼東西，這個孩子都能用法術得到。泰雅堪社的人，就傳承法術的系統。不過，現在泰雅堪社的巫師已經斷絕，因爲用法術做壞事時被殺死了。

四、其他部族傳說

一、布農族北部方言的Tamadowan社〈卡社〉、Tsibil Laksikaban（男、四十一歲）口述的「懷孕風」，說有個地方叫作凱比布，社裡全都是女人。她們要攀上屋頂，讓風吹進女陰，孩子就進入肚子裡。如果，誕生的是女孩，認爲正常，就沒有問題。但是出生的男孩子，會被認爲畸形，就要撕碎身軀，讓他死去。

二、曹族卡那卡那布方言Nagisaru社，Voro Voruwana（男、三十六歲）口述的「孤兒」，說：昔時，女人部落的女人，沒有丈夫，獨自懷孕了，就生孩子。那個私生子，面對石頭說：「破開吧！」他便進入石頭當房子住了。不久，孩子走出外面一看，土地都變成斷崖，沒有族人可住的地方。孩子用杵敲打土，一半就變成土地，一半仍然是斷崖。

三、曹族阿里山方言的Tubuja社，Akoiono Pasuja（男、五十五歲）口述的「有毛的小叔叔」，說：昔時，女人在網魚，但被流木勾上了網。把流木除掉，又放網撈魚，網又被流木勾著。放網幾次，網都被流木勾住。遂把流木撿起來，挾在褲帶子回家，想當作薪柴燒。但流木在路上不見了，回到家看不到流木。不久，她卻因此而懷孕了。生下來的孩子，一生下，就會自己起來坐。別人都笑他，那個孩子也模仿別人一起笑。孩子有牙齒，也有毛。因爲長毛，所以大家都叫他「有毛的小叔叔」。

陰陽綺譚

壹、女陰篇

一、排灣族卡比揚社傳說

聽說，布拉揚的妻特可得生了很漂亮的女兒，叫毛阿凱。太漂亮了，使社裡的男人都煩惱。競爭的結果，嫁給了可魯魯。

可是聽說，毛阿凱的女陰有牙齒。同衾之後，可魯魯卻被女陰咬死了。天亮時，母親特可得要叫他們起來吃飯，沒有回音。打開門進去一看，男人已經死了。父母親問毛阿凱說：「怎麼會死，妳做了甚麼？」毛阿凱都不說話。其實她也不知道爲甚麼。不得不通知可魯魯家，可魯魯的壯丁來收拾屍體回去了。

「這，使我們感到羞恥，無臉見人家。」布拉揚夫婦很懊惱。於是把女兒放入箱子裡，丟入河川讓水流走了。

然而，在天上也有一位叫可魯魯的人，帶壯丁來河邊釣魚，發現了淵裡有箱子，就把箱子扛回家。回到家一進門就喊：「爸媽，我們發現了一個箱子，很重，大家來打開看看。」

●排灣族主要分佈於中央山脈南段。

把蓋子打開一看,「咦!這不是毛阿凱嗎,漂亮的女人。聽說,女陰有牙齒,才被丟棄了的。」可魯魯的母親很同情她。

母親叫可魯魯去狩獵,準備以獵物歡迎毛阿凱。可魯魯去狩獵,毛阿凱很疲勞而睡著的時候,母親便用鉗子,把女陰的牙齒拔掉了。可魯魯從狩獵回來,跟她同衾了,可魯魯卻沒有死。不久毛阿凱就懷孕了。

從毛阿凱的女陰拔出來的牙齒,叫達達牟拉紋,是一種蜻蜓玉,跟土地的價值同等高貴。

〔註〕女陰有牙齒的傳說,尚有排灣族內文社,內容與上述卡比揚社相同。阿美族馬蘭社(台東)的傳說「有牙齒的女人」,是女人嫁了幾個丈夫,丈夫都死了。女人的母親發現其陰部有牙齒,把她裝入箱子裡丟進大海。箱子漂流到知本海岸,被知本人撈起來。知本人看到箱子裏的美女很驚訝,便讓女人喝酒,使她醉了,才掀開女人的腰巾,拿砥石把陰部的牙齒磨平,女人就做頭目的妻子。魯凱族達拉馬勾社(屏東)傳說的「女陰」是,古早,女陰原來貼在額上,月經來時會碰到臉,便移到脖子

後面，但交接的時候找不到，不行。再移到踝子，踝子走路時會碰到草或土，也不行。便移到膝上，還會被草刺扎，最後移到股間，卻長了牙齒，結婚咬死丈夫。因此讓她喝酒，從女陰拔掉牙齒。人口才增加了。

二、排灣族篤文社傳說

沙布路康和毛阿凱是一對夫妻，毛阿凱很漂亮，像太陽閃閃亮亮。可是跟她同衾，局部卻沒有孔。這使沙布路康很懊惱，吃飯、喝酒都不願跟她在一起。只很生氣。

有一天，沙布路康要去狩獵，忘記帶煙台。他要媽媽拿煙台給他。毛阿凱拿去給他，他不要，一定要媽媽拿，他說：「那是甚麼女人，只有局部沒有孔。」母親說：「難怪，你會這麼生氣。」沙布路康說：「叫社裏的人釀酒，把最好的酒給她喝，等她喝醉了，你就看她那個地方。」

母親命令社人釀酒，酒釀好了，選出最好的酒說：「來吧，毛阿凱，我們來喝。」兩個人喝酒，喝到毛阿凱醉矇矇，倒在床上睡著了。母

●排灣族以石板屋雕刻、刺繡藝術著稱。

親把門關上，然後捲起毛阿凱的衣裙看了，兒子講的果然不錯。仔細查局部，那是像針孔那麼小。母親便拿小刀，把孔開大了。

毛阿凱清醒過來，母親叫她去洗澡。毛阿凱拿水來洗澡，洗到局部，感覺不一樣，「咦！爲甚麼變了？我的東西有孔了。」母親問她：「毛阿凱，怎麼啦？」「媽，你看看我的東西！」母親說：「啊，女人都是這樣子，你原來那是不對，難怪沙布路康會生氣。」毛阿凱說：「媽，眞的是這樣子嗎？我實在不懂。」

沙布路康從狩獵回來，母親高興地笑著迎接他。沙布路康聽了母親的話，就跑過去擁抱毛阿凱，而滿意地完成夫妻的結合，生了孩子，過著快樂的生活。

〔註〕布農族南部方言的郡大社，也有女陰無孔的傳說。內容與上述不同的是，母親把女陰剪開了，從女陰裡有跳蚤跳出來。其餘完全類同。

三、排灣族篤文社另一傳說

男人沙布路康和女人毛特可結婚，生了毛阿凱。毛阿凱只有女陰，沒有身體，但會講話。

沙布路康的雙親，聽了毛特可生女孩子，就來祝賀，問：「你們的孩子在哪裏？」毛特可夫妻把女孩藏起來說：「沒有，我們的孩子不

●排灣族的首棚。（劉還月／攝影）

是人。」而把去慰問的人打發回去。

有個沙洛揚長大了，很好的青年，爲了訪問女人需要帶禮物，就到山去狩獵。沙布路康的雙親說：「等沙洛揚從狩獵回來，就給他跟毛阿凱辦結婚」。毛阿凱的雙親卻說：「沙洛揚回來時，我們該怎辦，毛阿凱是這樣的女孩，眞羞恥，把她藏起來。」便把她放進箱子裡，拿去放在岩石下的草叢，用方布蓋起來。

沙洛揚帶著獵物，剛好經過放箱子的地方，發現了它。「咦！這是甚麼？有很多方布。」他走近岩石下面，把箱子的蓋子打開了。包在裏面的東西說：「不要掀開我的被子，我害羞啊。」他問：「你是誰？」「我是毛特可的女兒。」「妳爲甚麼在這裡？」「我母親把我藏在這裡，她說給別人看到，很羞恥！」沙洛揚把她拿起來，放入網袋裡帶回家。

回家途中，遇到別人問他：「朋友啊，你扛著甚麼笨重的東西？」他就回答說：「這是頭飾花。」而邊走邊喊著跑回家。一進門，就把網袋解開，帶去眠床睡了。

母親叫他起來喝酒吃飯，他卻說：「我生病了。」這樣子過了四、五天，都沒有吃飯。

社裏的人跑來說：「山豬出來了，我們去獵牠。」沙洛揚才起來出去狩獵。母親去整理他的眠床，發現了那奇異的東西。「或許這就是害我兒子生病的根源。」便拿去丟入垃圾場。

沙洛揚狩獵回來，拚命地尋找，「我的東西在哪兒？」，母親說：「你找甚麼東西？找你的吹笛嗎，嘴琴嗎？」「不，我正在找放在床上的東西。」「啊！那個東西，我替你丟棄垃圾場了。」

沙洛揚趕快跑去垃圾場一看，毛阿凱已經變成完整的女人坐在那兒。沙洛揚把她抱起來，抱到前院子的石垣地方，「媽媽，你來看，你丟棄的就是她。」此時忽然發生了地震。

母親拿了寶石給毛阿凱，並吻她，然後準備很多結婚用的東西給她。毛阿凱的雙親聽了消息也很高興，也帶著很多東西來探望毛阿凱。毛阿凱和沙洛揚兩個人終於生了孩子，他們都很高興。

貳／男陽篇

●排灣族武裝部隊出陣前，接受酋長訓話。

一、排灣族卡知萊社傳說

古早，有個人名字叫沙卡波拉。他的東西很長，看女人們在拔草，就去旱田邊緣坐下來。然後解下捲在肩膀的男根，向女人們拔草的草堆裡伸進去。女人們躲避了，男根還是執拗地追逐去撞擦女人們的股間。因而女人們都害怕沙卡波拉的男根，大聲喊叫而逃逸。然而這種事經過一久，變成習慣，也就不怕了。

有一次女人們在拔草，他又來撞股間，女人們也拿著鏝子撞男根。女人們不知道男根從哪兒來。用鏝子撞了幾下，男根就消失了。不一會兒男根又穿過來，又用鏝子撞它。沙卡波拉的男根就發出勃勃的聲音。

沙卡波拉的男根很不尋常。他時常把男根捲幾卷掛在肩膀。然而有一次社裡的人們去狩獵的時候，大家商量調戲沙卡波拉，說：「把你的男根給我們看看。」他慢慢把肩膀的男根解開，讓人家仔細觀察。然而大家圍著看男根的時候，有人騙他喊著：「敵人來了！」驚嚇了他。沙卡波拉來不及把男根捲起來掛上肩膀，便拖著男根跑了。他跑過有刺的路，很多刺扎上男根，痛得要命。他回到家，把刺拔出來，放入壺裡存起來。

之後，沙卡波拉招待大家來喝酒。大家來了。他把四個壺子拿下來，說：「喝酒啊、喝酒，這些壺子酒，你們任意喝吧。」大家很高興，爭先競後去打開壺蓋子。然而從壺子裡飛出來很多蜂，欺騙過他的人，都被蜂螫得叫痛了。蜜蜂、山峰、黃蜂、熊蜂都由不同的草刺產生的。現在山裡的很多蜂，就是如此產生的。

〔註〕卑南族Pujuma社（台東）也有類似持有很長男根的男人傳說，內容相同。

二、排灣族Kulalau社傳說

古早，有個叫克魯魯的哥哥和只有男根的弟弟。父母親都死了，成為孤兒。克魯魯要去巴達威家，訪問毛阿凱和迪克克的兩個女兒，就把男根弟弟放在箱子裡帶去。唱歌的時候，男根也會一起唱。到了天亮，他們去泉水的地方玩。由毛阿凱先走，再來是迪克克、男根、最後是克魯魯的順序走。來到泉水邊，大家用竹筒汲水，洗臉和手脚，男根也模仿他們在水裡發出恰恰聲音，使迪克克感到討厭，拿起木棍打男根。男根被打，就跳出水面叫「痛啊，痛啊」而哭了。「我們回去吧！」他們說。毛阿凱先走，其次是迪克克，再來是男根，最後克魯魯，回到社裡就分開了。

克魯魯帶男根回家。克魯魯說：「你做得不正經，不乖乖在箱子裡，常要摸摸我們對方的女友，眞羞恥。」男根說，「那麼我們去逛街吧。」克魯魯說：「好吧，我們去店舖，你有甚麼喜愛的東西？」男根說：「我喜歡魚和貓。」於是買魚和貓回家了。男根說：「把我帶去別室，跟貓和魚，讓我們在一起。」克魯魯就讓他們在一起。可是貓調戲了男根，男根碰上魚鰭而滾落下來，瞬間剝了皮的男根就變成完整的人了。男根說：「哥哥，你快來，請你給我衣服穿。」克魯魯嚇了一跳，走去一看，男根的皮剝開變成人了，而很高興。便給他穿最好的衣服，戴頭飾，帶去頭目家的門前，說：「我倆坐在這裡。毛阿凱和迪克克看到，一定會很喜歡。」

果然，迪克克看到了，告訴母親說：「媽媽妳去頭目家看看，那裏的客人是誰？請他們到我家來做客。」母親去告訴兄弟說：「啊，請你們兩位到我家來玩。」但是弟弟布拉揚說：「我們感到羞恥，上次我們去玩，她欺負了我們。」母親回去告訴迪克克。迪克克想起了，那必定是那個男根。迪克克叫媒人去，說：「我沒有聘禮，也願意嫁給他。」媒人去找克魯魯兄弟，轉達了迪克克的願望。布拉揚說：「我怎能答應，先前她欺負過我。」媒人回去告訴迪克克，「還是不答應，沒那麼簡單。」迪克克說：「伯母，請妳再去一次，我願意賠償五隻白豬。」媒人去了，布拉揚還是說：「我怎能答應呢？」媒人走了幾趟都不成功，迪克克決定自己去。在芋籠裡裝滿蜻蜓珠，特別選擇各種好東西，到克魯魯家去。迪克克眞正迷戀著男根的布拉揚，終於跟布拉揚結婚了。

〔註〕排灣族卡知萊社另有一傳說，是女人在旱田拔草，男人的男根伸去纏繞女人。女人們建議換男人們拔草。反而用女陰去黏住男人們的膝蓋，男人們用手要把女陰剝掉。終於害怕，大喊救命而逃跑。還有魯凱族麻卡社和特那社有類似的傳說，是男人有大陽物和女人有大女陰，均需放在袋子裡用組絲綁起來，很重，又必需躲藏在草叢裡交合，很不方便。終於把陽物切短，女陰切小，才過了正常的婚姻生活。

處女和花鹿

一、阿美族傳說

有一個女人，私下招了花鹿做丈夫。她去旱田工作時，總不願人家幫忙，只堅持一個人去。「這個孩子，為什麼不喜歡人家幫忙？」母親覺得很奇怪，每次都告訴女兒說：「你應該請人家幫忙呀！」

「人家幫忙有什麼用？」每次女兒都這麼回答，使她的母親眞不知道是為什麼。

有一天，母親帶著便當去旱田給她女兒，走近旱田，就聽到有人在談笑。母親想知道女兒的對象是誰，但是才走入旱田，女兒的對象就已經消失了。「剛才跟妳講話的是誰？」母親問，女兒卻說「誰也沒有啊！」

然而母親卻看見旱田的工作，顯然兩個人才能做完的，女兒一個人絕不會做那麼多且那麼整齊。母親說「妳為什麼要隱藏那個人？一定有人幫妳工作。」但女兒還是回答：「誰也沒有，沒有人跟我一起工作。」

不久，稻米、粟子、甘藷都成長了。父親告訴母親說：「我到旱田去看看。」父親來到旱田後，看到旱田以及周圍都被整理得很乾淨。

●阿美族是一個典型的平地部落。（劉還月／攝影）

「是誰除了旱田周圍的雜草？」父親邊想邊看，發覺旱田邊緣有一條路。父親回家後問家人：「有誰去過旱田？」家裡的人都回答：「我們一個人也沒有去過旱田。」

父親又去旱田，仔細的巡視旱田的周圍，看到很多花鹿的脚印。但稻米、粟子、甘藷都沒有被花鹿偷吃過的痕跡。「我一定要等到花鹿出來。」他想。他先回家一趟，再來旱田，但這一次，他帶著槍躲在旱田邊。

等了一會兒，花鹿出來了。走了幾步，就停下來仰頭眺望旱田。父親囁嚅著：「來吧，走近一點來，你就要死了。」便用槍瞄準著花鹿。花鹿走近時，他就擲槍出去。颯！一聲，花鹿的身軀噴出了多量的血，倒下來就死了。

父親很高興，就把花鹿抬回去。女兒看了很驚嚇，要求父親說：「把花鹿的頭轉過來給我看看。」父親把花鹿的臉轉向她，女兒就跳上屋樑叫道：「爲什麼？爲什麼要殺死牠，牠是我的丈夫啊！」叫完，從樑上跳向花鹿身上，用鹿角刺穿身體而死了。雙親這才了解，原來這頭花鹿是女兒的丈夫，旱田的周圍才會被整理得那麼乾淨。兩個人都非常悲傷，哭了很久。

二、卑南族傳說

很早以前一個家庭，父親在旱田播下苧麻種子，苧麻逐漸長大。他怕苧麻被鹿偷吃了，就派女兒毛阿沓，天天到旱田去看管。過了幾天，父親去旱田，卻看到作物有被鹿吃過的痕跡。

有一次，毛阿沓在睡覺的時候，父親去看苧麻，還沒有進入旱田的小木屋，就聽到鈴子嘹亮的聲音，嚇了一跳，便循著鈴子聲音漸漸走近小木屋裡，仔細一看，原來那是一頭花鹿吊在頸部的鈴響。花鹿來到木柱的地方，用身體磨擦柱子，然後躺下來。父親間不容髮地射出了箭，花鹿當場就被射殺死了。

父親把鹿身解體，把角放在雨水滴落的地方。女兒出來一看，非常悲傷。她說：「爸爸，這頭鹿已經年老了，鹿角再也不會增長了。」父親說：「嗯！你說得不錯。」女兒就走進屋子裡去，她說：「爸爸，這麼漂亮的鹿角，請你拿著向我這邊，拿正一點。」父親依女兒的要求，把鹿角拿直，女兒便以最快的速度衝

●以矮靈祭聞名全台的賽夏族。（劉還月／攝影）

過去，讓尖銳的鹿角刺入身體，刺破了肚子而死去。

父親說：「我竟不知道原來鹿就是妳的情人」因此非常悲傷。他立刻通知家裡的人來搬運屍體回去。埋葬的時候，把女兒和鹿放進同一個棺木裡埋了。從此，在我們族人裡，遇到同時死了的人，就要一起埋葬。

三、賽夏族傳說

父親去築造看守粟子旱田的小屋。然後派女兒去看守旱田，預防粟子被野獸偷吃。女兒怕在旱田無聊，就帶了嘴琴去。

女兒帶了四個嘴琴去，但到晚上回家時，卻沒有把嘴琴帶回來。她告訴父親說：「給我多做幾個嘴琴吧！」

父親削了幾個嘴琴給她。可是第二天回來，她又要求給她做嘴琴。父親懶了，討厭做嘴琴，便說：「你沒有嘴琴，懶得去，那就換我去看守粟田吧。」

然而女兒不肯換，她不要人家去騷擾她。過了幾天，父親閒來無事，想道：「不如到旱田去走走！」

母親也說：「對，你應該去看看旱田。」

父親拿著弓箭去。來到小木屋，拉了一下稻草人的繩子，就聽到芒草裡發出沙沙的聲音，接著一頭花鹿走出來。花鹿的頸子吊著幾個嘴琴。父親用弓箭射牠，花鹿死了，父親把花鹿的肚子剖開。女兒跑出來，看了這情況，就哭了。父親哄女兒不要哭，要把鹿肉給女兒，但女兒卻說不要。給她肝臟，也說不要。要給她任何東西，她都不要。最後指了鹿的陽物，她就答應了。

女兒把鹿的陽物藏起來，到晚上睡覺的時候才拿出來玩。有一天女兒把它綁在頭髮，要去河川遊玩，但是在路上把它丟了。她回去尋找了一陣子，才看到它掉落在積水堆裡。她伸手要去拿，卻拿不到，於是用剝苧皮的工具去刺它。然後拿起來一看，卻是一隻眞正的螃蟹，不得不放回水裡。螃蟹生的孩子，背部都有兩個像眼睛的刺痕，就是這個原因。

不久，女兒的肚子膨脹起來了。因爲沒有丈夫，大肚子很難看，家裡的人都感到羞恥。母親不得不把她帶到神的橋上去坐。母親說：「坐好，我給你抓虱子吧。」

母親邊梳女兒的頭髮邊流淚，她羞恥而流淚的情況，卻被別人看見了，於是母親發瘋似地，把女兒推落河底去。女兒墜落河底，發出很大的聲音，肚子破裂了。母親探頭一看，山豬、百步蛇、蚯蚓、鹿、魚、蜻蜓、蝴蝶都從女兒的肚子裡跳出來。所有的東西都跳出來了，可見她是一個淫蕩的女孩子。

情夫記

一、老鼠

（阿美族奇密社）

有個女兒去旱田工作，沒有帶便當，請她母親中午帶去給她吃。母親答應了，女兒說：「媽媽，你帶便當來的時候，一定要掛長鈴子來。」母親毫無懷疑，也答應了。

太陽升高，到中午吃飯的時候，果然聽到鈴……鈴……的鈴聲。女兒的情夫是老鼠，跟女兒一起在旱田工作。但聽到鈴聲，很快就躲藏到旱田邊的石垣下去了。

●阿美族為台灣原住民中人口最多之族群。

母親來了，看到女兒採伐的地面比一般廣大，就問：「誰來幫妳採伐的？」。女兒欺騙她說：「沒有啊，是我一個人在這兒工作的。」母親很高興女兒所採伐的地，面積竟有那麼廣大。母親不知道女兒有情夫，更不知道女兒的情夫是老鼠。只是猜想有人幫忙女兒的工作而已。

過了幾天，母親帶女兒的便當去旱田。此時母親忘記帶鈴子，只帶了便當去。母親首先窺探到有好多老鼠在那兒，數也數不清，好多好多的老鼠，吱吱吱吱喋喋不休地從事採伐工作。

母親說：「原來你們就是這樣做工……」一剎那，老鼠都逃進石垣下去了。母親指著最後逃進石垣下的大老鼠，說「那必定是我女兒的丈夫吧！」便伸手去抓住老鼠的尾巴，而用力拉了一下，尾巴皮就剝掉了。現在的老鼠尾巴沒有毛，原因就是女兒的母親拉的。

二、蚯蚓

（布農族丹大社）

古早，有一對母女。女兒說：「媽媽，無論任何人來，都不要讓他坐在我的座位上。眞的喲，絕對不要讓別人坐。」女兒說完就往外出去了。母親覺得很奇怪，就去坐在女兒的座位。過一會兒不知不覺之中，大蚯蚓從石頭下爬出來，跟她交媾了。母親推開石頭一看，啊！多麼大的蚯蚓喲。母親決心燒開水，用滾開的水，從石頭隙間澆了進去。

到了傍晚，女兒回家了，立刻去坐她的座位，但沒有蚯蚓探出頭來。女兒告訴母親說：「我在外面忘記把箱子帶回來，媽媽，你去替我拿回來好嗎？」母親出去的時候，女兒便推開石

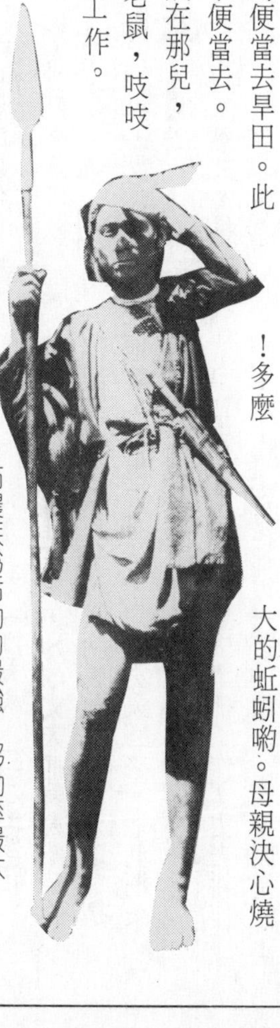

●布農族爲活動力最強，移動率最大，最能適應高地氣候之一族。

頭，看到丈夫已經死了。女兒傷心地哭了。不久，女兒便生了蚯蚓。因爲還沒到滿月期就生了的蚯蚓，就像現在的蚯蚓一樣，很小。

三、蝌蚪

（曹族楠仔脚萬社）

有個男人來玩，說：「我們講話，不要讓人家聽到，小聲一點，讓家裡的人聽到了很不好。我回去之後，妳就到我家來玩，我們來跳舞歡樂。」

女人說：「你家在哪裡？你告訴我，我會跟隨著你去，你不告訴我，我怎麼去呢？」

男人說：「那麼告訴妳吧，你到河邊來，我家就在河裡。」

第二天女人回來說：「我去過河邊，但是那兒只有水淵，卻沒有家。我看到蝌蚪，蝌蚪很多粘在帶子上，我拿起帶子撣了一下，很多蝌蚪都摔落到河裡，卻只有一隻蝌蚪不摔落，怎麼撣也不離開，我用手把牠剝下來丟掉了。」

到了晚上，那個男人又來了。

「你的家在哪裡？」女人又問。男人說：「我的頭很痛，因爲白天被打了頭。」

女人說：「噢！我知道了，你就是白天那隻蝌蚪、我很害怕蝌蚪，不能再跟蝌蚪幽會了，我要逃走……」

那個男人就是蝌蚪。終於回家去了。

四、熊

（阿美族　Lingatsai社）

有個女人留守在家，她的丈夫扛著大柴薪的貨回來，把貨放下，家就震動了。女人以爲是地震，跑出去看，才知道丈夫回來。他們把柴薪排放好，就進屋裡。

第二天，他們兩夫妻去旱田工作，丈夫耕作一甲地，工作是抽掉鬼茅的根，一天就開墾一甲地。女人的母親來，看了兩個人開墾土地很廣，高興地回去了。

工作結束，丈夫說：「今天，我帶你到我的家去。」女人沒有去過丈夫的家，一口答應，就出發了。走了一段路，妻子問：「你的家在哪裡？」丈夫說：「快到了。」走了一會兒，妻子又問：「你的家在哪裡？」丈夫又說：「快到了。」

他們走累了，便在崖上坐下來。

丈夫躺著說：「啊，你給我抓蝨子。」妻子爲他抓蝨子，丈夫的體毛卻漸漸生長了。奇怪，

●傳統的阿美族社會以母系爲主。

妻子想：「這到底是怎麼回事？必定是熊，熊的化身。」於是妻子爲他抓蝨子，抓得很舒服，等他熟睡了，便把他推落崖下，自己趕快跑回家，告訴母親說：「我的丈夫原來是熊。」母

親聽了十分惶恐，就把女人藏在竹籠裡。

不久，那個丈夫來到妻子的家，坐在竹籠旁邊。母親怕藏在竹籠裡的女兒被發覺，對熊說：「那是禁忌的地方，不要坐，坐在那邊才好。」熊說：「不，我坐這裡就好。」母親說：「坐那邊才好。」熊說：「我還是坐在這裡好。」過了一會兒熊就走了。母親打開竹籠一看，裡面全是骨頭，女兒的肉都沒有了。母親非常悲傷，哭著哭著，把女兒的骨頭埋了。

過了幾天，熊來說：「我的妻子失蹤了。」假裝要向母親討回妻子。母親把門關緊，拿著槍在門後防備。熊要進屋裡，母親說：「不要進來。」但熊強要進來，最後抓破了門進來，母親便刺殺牠。母親剝開了熊皮，剖開肚子看到很多人被吃在肚子裡，知道吃女兒的也是熊了。

終於她空出那個家，蓋了新房子。搬家的時候，家具也不搬，全買了新家具。晚上去祭拜女兒的墳墓，從此她的財產就逐漸增加了。

五、豬

●布農族曾有女人把豬當作情人的傳說。

（布農族Katogulan社）

古早有個女人，去旱田趕走吃玉蜀黍的鳥。第二天，她的丈夫說：「換我去趕走鳥。」妻子卻騙丈夫說：「昨天，我忘記把煙管帶回來，還是我去。」女人就去趕鳥。

再過一天，丈夫說：「今天換我去趕鳥。」妻子又說：「我把衣服忘記帶回來，還是我去。」丈夫說：「好吧，就讓妳去趕鳥。」

妻子走了，丈夫便偷偷跟著妻子去，要探妻子究竟在搞什麼？女人來到旱田，揮一揮腰衣，豬就出現，走來立刻跨上女人的背脊交合。丈夫看了之後就回家。

傍晚妻子回家來，晚上等妻子睡了，丈夫便偷偷跑去旱田，造了七個疊積石，做完才回家睡。睡到天亮了，丈夫說：「今天換我去趕鳥。」妻子說：「不好，我把火柴忘記帶回來了，還是我去。」丈夫說：「好吧，你去趕鳥也無妨。」於是妻子就出門去了。

丈夫帶著弓箭，跟在妻子後面走，來到旱田，妻子揮一揮腰衣，豬出現了，妻子被姦污了。丈夫很生氣，站在疊積石上，拿弓箭射擊豬，豬憤怒地要咬男人，男人跑去另一個疊積石上，再射擊豬。豬更憤怒要咬男人，他再跑去另一個疊積石射擊豬，豬狂憤地跳起來，男人又跑到另一個疊積石上去射擊，豬便被射死了，男人把豬揹回家。

男人把豬剖開，切了肉給妻子吃，妻子不接受，只是在流淚，一邊推說：「我被煙嗆了，不喜歡吃豬肉。」男人知道她騙人，又拿豬肝放在刀子上給孩子，孩子吃了，也給孩子的母親。但妻子仍不接受，男人很生氣，用揷豬肝的刀子穿進了妻的腹部，妻子死了。從妻子的肚子裡生出了四隻豬兒，其中兩隻豬兒跑到山裡去變成山豬，兩隻停在外院子成爲畜豬。

〔附記〕女人以豬當情人的傳說，除了上述以外，還有布農族南部方言的Lvaxo社、阿美族花蓮瑞穗的奇密社、曹族沙阿魯亞方言等三處內容相同的類似故事，不另贅述。

地下人

（魯凱族大南社、布農郡大社、曹族沙阿魯亞方言）

古早，叫人仔山的地方，是族人常去做稻米或粟子交易的地方。人仔山有個洞，從洞穴可以進入地下世界依可甸去。

社裏的人要去地下的世界依可甸，必須從那個洞穴進進出出。可是現在卻有很多奇異噁心的石頭堵塞了洞口，遺跡變成竹叢了。從前這叢竹子只有一支根，上面有枝葉繁茂著，還有很多藤蔓，看起來陰陰森森，令人感到恐怖。族人視為禁忌區域，絕不走近，也不敢用手指指向那個地方。

●魯凱的始祖傳說與百步蛇有關。

地下界依可甸的人都有尾巴。我們的祖先要去依可甸社區，必須在洞口事先大聲叫喊，讓依可甸人有時間走到臼子那兒去，把尾巴藏在臼子裡，以免祖先進去互相覺得尷尬。祖先從洞孔下到地界，必用鹿角編織的梯子，才進入依可甸人的房屋。一進入房屋，就到水甕邊去喝他們的水，他們就會說：「哦！我們的親戚

●布農族的社會組織以父系氏族爲骨幹。

喲。」祖先在依可甸大便，很不可思議地會變成紅色小圓柱形的玉，而他們把玉拿來吸吮就會有孔，可以串線做裝飾。

依可甸人持有很多穀物。古早，我們祖先族人都是沒有穀物的可憐虫。依可甸人還沒有承諾跟我們祖先交易的時期，如果我們的祖先去依可甸玩，回家時，就要求我們的祖先脫光衣服，全裸身體讓其檢查。他們怕我們的祖先帶他的穀物出去，一粒也不行。那是他們的禁忌。

然而我們的祖先說：「我們沒有穀物的種子，如果這樣繼續下去，我們食糧吃盡了，最後全社人都會死去。」因此下一次去玩，男人們就把粟子藏在自己的局部，女人們也把米藏在自己的局部。在回家的路上關卡，要全裸檢查的時候，所有的人連指甲、鼻、嘴、耳朵、屁股、肛門都要檢查。男人們藏在局部裡的粟子也被發現，沒收取回去。只有女人們藏在陰部裡的米粟，依可甸人羞恥地不敢檢查，才沒有被取回，好不容易帶回家，播在家周圍旱田繁殖了，便不再發生困苦。

古早煮穀物，如果是粟子，只煮穗中一條，鍋子就盈滿。如果是米，只煮一粒，鍋子就會盈滿。因而僅有雙手捧起來的米和粟子，就可以吃一年。地下世界的依可甸人，知道我們祖先的社區能生產穀物之後，才願意互相交易。

有一次，有個懷孕而背著孩子的母親，到地下界依可甸去交易。要回家，走到通地下界的洞孔的地方，突然腹部開始陣痛而呻吟，很奇怪，呻吟了不久，那個女人忽然變成石頭，把地下界進出口的洞孔堵塞掉了。從此我們祖先族人不能再到地下界的依可甸去。那個石頭很像背著孩子的人像，有孩子的形態又是大肚子，中央橫側面就很像人的肚子，到現在還有那個石頭。

那個石頭堵住洞孔不久的時候，還沒有甚麼問題，當時我們祖先族人社區，還持有很多穀物。然而有一天，阿克洛家的人，由於穀物太多，覺得一粒一粒煮得麻煩，就試著拿粟子一穗全放進鍋裡煮了。因而不可思議的事發生了，粟子突然增加，很快塞滿全屋子裡，把全家人都擠死了，沒有死而殘存下來的變成猴子。他們那個家留存很久，卻逐漸荒廢，現在已經看不見痕跡了。

自從石頭堵塞了洞孔之後，我們祖先的族人就不走近人仔山，也不在那附近吹笛或唱歌。族人說：「假如有人能把那個人形石頭除掉，我們還可以走進地下界的依可甸去……」

巨人之死

（泰雅族大豹社、賽夏族大隘社、布農族達馬洛灣社、排灣族下排灣社）

古早有一個巨人。名字叫哈魯斯，或叫安達布，或叫卡洛斯。他的身軀高大達六十尋，睡的地方有旱田的一區劃寬。他睡過，土地就成凹窟兒。他走路，從武界一步走到毛老天去，從毛老天一步走到哈比巴特去，他的脚跡，一直留著凹窟兒。

他的陽物很長，平常捲在腰部。遇到暴風雨出大水，住民們便叫他來。他用陽物在河川的對岸架橋，用兩手臂當做橋的欄杆。女人要過橋，走在陽物上，就像鐵那樣硬直而不動搖。但男人要過的時候，會上下搖動地很厲害，叫人害怕。如果，平常都是如此做好事，倒沒有問題，可是實際上，叫哈魯斯、安達布、或叫卡洛斯的巨人，常會戲弄女人。丈夫在田裡工作，而妻子留守在家，他就會去調戲人家的妻子。不管門關閉得多牢固，他都會把局部，從窗伸進去戲弄女人。

不但如此，去狩獵的時候，他都會先跑到野獸經過的路上，等著野獸逃過來。他的嘴巴很大。他會伸長手臂把野獸趕到自己的嘴邊來，而一口把野獸吞掉。

巨人的惡作劇做得多，社人都開始討厭他。大家便商量要殺死巨人。可是射弓箭，好像蚊子叮一般，射不進他的身體，使大家感到爲難。說：「我們該怎麼辦？」，還好，有個聰明人想出好辦法說：「我們把石頭燒紅，騙他說野獸會跑來，叫他在山下等，然後燒紅的石頭，滾轉到他嘴裡，讓他吞下去，可以殺死他。」大家認爲這是唯一的好辦法。

於是，社人到山上，拿兩個大石頭來燒，燒了三天，石頭就紅了。他們去告訴巨人說：「喂，我們去狩獵吧，野獸很多，你可以在山麓等著野獸跑來。」

聽他們這麼說，巨人很高興，就跟著大家狩獵去了。他獨自到山麓去等。等到大家從山上喊著：「喂！很大一隻野獸跑過去了。」隨著把燒紅的石頭滾落下來。可是這個石頭滾落的坡路轉彎，繞過巨人身邊較遠的地方去。於是他們又喊：「喂！還有一隻跑下去了」，再把一個石頭滾落下去。紅紅的石頭滾落到巨人的嘴邊，他就張開大嘴巴，一口把石頭吞下去了。大家聽到「咭——」很大的聲音，還有哈魯斯，也叫安達布，也叫卡洛斯這位巨人的慘叫聲，長長的慘叫聲回響在山谷裡，偉大的巨人終於死了。

人性變易

一、泰雅族達克南社

1.古早我們的祖先有吃孩子的習慣。有個妻子不願意吃，但被騙而吃了。

在旱田裡，丈夫欺騙她說：「把女嬰給我，我去煮飯，煮好就叫妳，不要急，等我煮好。」丈夫把帶走的嬰兒屠殺，煮嬰兒當做妻子的飯菜。煮好便叫妻子來，說：「我剛才打死了一隻猴子。」妻高興地說：「有猴子肉可以吃，很好。」又說：「我去帶孩子來，要餵她奶。」丈夫把嬰兒殺死之後，在嬰兒睡網裡放進石頭。丈夫說：「不必急得抱嬰兒，你先吃猴肉，免得帶著嬰兒受騷擾，猴肉就不好吃。」妻順著丈夫的意思吃了，卻問：「你呢？」丈夫說：「你吃吧，我剛才已經吃過了。」看起來，要吃自己的孩子，丈夫的心還是不安。

等到妻吃飽，丈夫又說：「把妳用過的碗放

●泰雅族達克南社相傳古早有吃孩子的習慣。

在那兒，我來洗。妳去看看剛吃過的猴子的頭、手脚，我還沒煮呢。」

妻子走過去一看，那不是自己嬰兒的頭嗎？妻子悲傷地大聲哭了。同時把剛吃過的全都吐出來。吐成一座山。妻說：「我要哭，在這裡哭著消失掉。」說完，妻子便眞的消失了。現在，在森林裡的枝椏葉間，常有蟬鳴叫著，蟬就是那個妻子變的。

2.古早我們的祖先有人變成了豬。聽說有一對親子去旱田，快到中午，父母親叫孩子去煮飯，而說：「你煮好了飯就等我們，我們會看時間，時間到了就去吃。」孩子便去煮好了飯，等著父母，但他們卻不來吃飯。

孩子不得不去找父母，可是父母都變成豬了，蹲在旱田邊緣。他的父親追來說：「我們心腸不好，都變成山豬了。」做著要咬孩子的姿勢。孩子說，「父母親啊，你們不要咬我，我要在旱田種植蕃薯、山芋、花生和甘蔗。我願意把旱田邊緣的農作物，讓你們吃。」從此以後，山野裡才開始有山豬。山豬說：「我要去吃你們旱田的東西，而你們發現了我，追逐我，我的運氣不好，你們就射殺我，吃我的肉吧。可是，你們的運氣不好，你們不順從鳥占卦，來狩獵的時候，我就要咬你們。」以後山豬的話都實現了。

二、曹族卡那布亞方言

生個孩子，孩子長大了，說：「媽媽，我要娶妻子。」「等一等，你年紀還小，等頭髮長到肩膀。」他的頭髮長到肩膀了。說：「媽媽，我還不能娶妻子嗎？」「頭髮長到脚肚的時候，才娶妻子吧。」他的頭髮長到脚肚了。「我要娶妻。」「你還不能娶妻。」媽媽堅持著。孩子很生氣，拿起槍跑到外面去。「媽媽不照顧我，不關心我！」他拿槍插在屋外地上。狗尾草的根從他的脚長出來了。那時唱著〈比宇宇都〉歌。再見，父母親啊，我變做狗尾草。要娶妻子，母親都不允許，悲傷到極點的結果。

三、阿美族馬蘭社

索比泰和托比奧是兄弟。索比泰在旱田採了稻米種子，預備要播種。托比奧卻把索比泰撿

●魯凱與排灣的社會組織、文化背景相當類似。

來的稻米種子，拿去煮成飯吃掉了。索比泰很生氣，兩兄弟便開始不和了。

過了不久，兩個人到山上去，弟弟索比泰問哥哥托比奧說：「你在山上把大石頭滾落山下，我在山下等著，如果我不對，我必會被滾落下來的石頭壓死。如果我不死，你下來，換我到山上去滾落石頭，你在山下，如果是你不好，你會被石頭輾死。」

哥哥在山上向弟弟滾轉大石頭，石頭滾轉得很快。弟弟眼看著面前裂開了一個洞，立刻躲藏在洞穴裡，沒有被石頭碰到。然後，弟弟從山上滾轉石頭，哥哥找不到躲藏的洞穴或樹頭，石頭滾中了哥哥，把哥哥活活輾死了。做不對的哥哥，哥哥的靈魂昇天去變成星星。

四、魯凱族

1.麻卡社

我要睡在這裡，然而，我該把唾液吐在甚麼地方？我不得已吐了唾液，我的兄弟卻很生氣。於是，我要變成老鼠。我要咬你的山羊皮和你珍愛的東西。我要在屋頂上和地洞亂跑，你要射殺我，也找不到我躲在甚麼地方。

我要睡在這裡，不行，這裡是我放煙管的地方。那我該怎麼辦？這也不行，那也不行，我該變成甚麼？變成臭蟲吧。我要咬你，我會分裂，分成很多臭蟲，充滿在臼子裡。燒開水，你用沸騰的開水，潑上我。只要有一隻跳走，臭蟲就不會滅種。

2.特那社

祖先的一男一女相愛。男的叫馬克魯，女的叫泰那勞。馬克魯用葛藤做鞦韆。祖母說：「這葛藤不好，去採大的葛藤來換。」女人說：「不斷就好。」男人說：「沒有問題，不會斷。」然後，泰那勞坐上鞦韆，她說：「你看，我有點害怕。」祖母說：「不要坐鞦韆，萬一摔死了，怎麼辦？」泰那勞說：「不，我要坐坐看，不坐的話，對拼命做鞦韆的人不好。我眞害羞，請你慢慢推吧，推啊，推啊，啊，眞舒適，推啊，推高一點，再高一點，啊，有風，我好像醉了，風，危險，我好像要墜落下來！」因爲她掙扎，扭轉，葛藤斷了。她墜落下來，變成榕樹，她的頭髮變成根鬚。馬克魯悲傷地哭了。壯丁安慰他說：「是她自己墜落下來的，命運，沒有辦法。也許遭遇報應了，因爲她討厭我們。」女人說：「我變成榕樹了，美男子靠近我，樹液流不出來；醜男子靠近我，樹液會流出來。」

3.毛投蘭社

㈠有個青年和女孩相愛。青年是頭目，女孩是平民。因爲門戶不對，他的母親說：「雖然相愛，也不能結婚。」青年很悲傷，鬱鬱不樂，終於死了，女孩也跟著死了。青年和女孩都變成蜻蜓珠。女孩變的蜻蜓珠是不好的蜻蜓珠，因爲她是平民。

㈡有個青年，討厭父親管得太嚴。他想，我該變成甚麼好呢？豬或熊，山羊或羌，猴子或豹？青年身上長了毛，把毛拔起來，越拔長得越多。他母親說：「你怎麼啦？身上長了毛？」「我要做豹！」哥哥變成豹，向弟弟說：「你要打獵的時候，就經過水源地去吧，因爲我要把獵物放在水源地。如果獵到山羊，還溫暖，我就還有命。如果是冷卻了的，你就認爲我已經死了。」

五、布農族

1.卡特格蘭社

古早，有四個兄弟，一個很好色，姦污了牝鹿，常在鹿的地方遊玩。母親叫他回來，都不聽。因爲「特魯」那個地方有很多鹿，母親想，燒了痲皮，鹿會跑掉，兒子就會回來吧。便燒了痲皮。但兒子卻跟著鹿跑掉了。兒子終於變成鹿了。現在特魯地方，連一隻鹿都沒有。

2.丹大社

古早，有一對夫妻很窮，沒有衣服穿。妻子去盜取人家的衣服，使丈夫覺得很羞恥，說：「我們沒有臉見人，去做彩虹吧。」他們就變成彩虹。在彩虹上，女人盜的衣服很漂亮，因此很美。男人不盜衣服，維持在下面，所以不美。變成彩虹的人說：「我們去防止颱風，不讓暴風吹來，但是人家還是會笑我們，說我們的壞話，使我們很生氣。如果，人家用手指指斥我們，手指會彎曲，永遠伸不直了。」到現在，彩虹還是很美。

另外有個女人叫芳思達，因爲她不能生育，

●布農族是台灣原住民族的第四大族。

說：「既然不能生育，活著也無聊。」終於自暴自棄。她不變成彩虹，而願意做一棵不腐爛，但有臭味的樹。

3.人倫社

祖先們從社寮出發，在路途，爲了要煮飯，叫凱喜南的男人，建造了爐脚。煮好飯、吃過飯之後再出發，但凱喜南卻變成水了，因而，布農人命名這個地方爲「卡佛凱」。很奇怪，那個爐脚，卻變大了。有四隻脚，兩隻被水沖到瓶子頂地方，但因爐脚造得很好，不被水浸壞，是要留給子孫們看的緣故。

4.達馬路灣社

㈠古早，祖先的親子兩個人去狩獵。後來兩個人分開了，父親先回到家，等了很久，孩子沒有回家，不得不再出去找。走到旱田，看到栗子被吃的跡象。是誰偷吃的？仔細一查，沒想到竟是孩子變成鹿子吃掉的。變成鹿子的孩子，頭髮長長。長頭髮變成尾巴。從此以後，才有叫「鹿」的動物。

㈡古早，一個男人帶妻子爬上卓社大山。男人讓路要妻子先走。因爲男人有個情婦，才想要跟情婦同行。可是妻子怎麼說也不先走，反而要讓丈夫先走。兩個倔強不讓，終於變成石頭，被後來的人超越了。

5.伊巴荷社

古早，喝酒醉的人打架，一個人的手指被切斷了五節，他說：「被切斷手指，還不會死，我還會報仇。」因此他的頭被砍下來，放進首級袋裡。砍頭的人睡在獵屋唱歌，咦——惠——荷——羊——特。唱完歌就說：「我是第一強人，我砍了他的頭，使他不再說話。」可是被砍下來的頭，卻講話了。砍頭的人便用煮木豆的液汁潑頭，頭還會講話，再用煮青菜的湯汁潑他，頭就不講話了。砍頭的人說：「傢伙終於死了」。然而，那個頭卻用頭髮纏繞砍頭的人，拖下來浸在水裡。從此被砍下來的頭變成彩虹，砍頭的人變成河水，發出「荷——荷——」的聲音。也因此不能用手指指向彩虹。假如用伸直的手指指向彩虹，手會被燒傷。彩虹的紅色是血，茶色是木豆汁變的顏色，青色是青菜汁變的顏色。下雨就會看到，但要遵照祖先的禁忌，不能伸直手指指它。

人變猴子

一、泰雅族大豹社及達來南社

古早，我們的祖先，有個非常懶惰的人。到旱田去播種、掩土，使用小鍬工作，都會碰撞石頭或鉤上樹根，幾天裡竟把小鍬柄弄斷了五次。他想，自己眞笨，懶惰不學做事，才做不好。於是再一次削樹枝做柄，削好木柄又開始工作。可是打了兩次，小鍬柄又斷了。眼看著，他很生氣，把斷了的小鍬刺進屁股，吱吱吱吱叫著，跳到樹上去。小鍬木柄竟長了毛變成猴子的尾巴，身體也長了毛，變成猴子。

●原住民大都有人變成猴子的傳說。

猴子留言說：「我是懶惰的人，沒有資格做眞正的亞泰雅人，所以做猴子。但我不會亂吃東西，只吃你們旱田邊緣的一點點而已。」亞泰雅聽了便說：「你來吃我們旱田邊緣的東西，我們要用箭或槍射你。因爲你吃了我們的農作物，我們缺少了糧食，我們要吃甚麼？」猴子說：「你們要打我就打吧，沒有食物，我就無法生存。好吧！你們有辦法射殺了我，就順便吃我的肉好了。」從此亞泰雅人才開始射殺猴子，並吃猴子肉了。

二、賽夏族大隘社

古早沒有猴子，因小孩子去變成猴子，才開始有猴子。有一天，成人們一起去喝酒，都不願帶孩子去，把孩子留在家裡，使孩子們很生氣。「我們被老人們遺棄了，我們去變成猴子吧！」然後，搗糯米做黏糕，把家屋所有的孔洞都塗塞，只留下樑木的地方。他們商量，把帶子插進屁股，說：「我們去吧！」便從樑木的孔穴溜出外面，邊哭邊變成猴子。所有的孩子都走了，只留下一個不堅強的孩子。因爲不堅強，才被老人追逐抓到。老人說：「只剩下你一個人了，你不要去，應該留在家裡，照顧弟弟。」於是他揹着弟弟，爬到樹上，把嬰兒留在地上，說：「把嬰兒還給你，我要離開這裏，再見，媽媽。」說完變成猴子走了。

三、布農族伊巴保社

我們祖先變成猴子的是貪吃的男人。跟別人去旱田工作，那個男人就走進屋裡，從鍋子裡拿取青芋盜吃。但是那個人吃的青芋還沒有煮熟。因此青芋吃完，便搔起喉子，爬上屋頂，「苦……哦，苦……哦」叫了幾聲，就變成猴子了。有人要抓住他，但跑得很快，抓不到，從這邊的樹跑到那邊的樹，跑掉了。懶惰又貪吃的人變成猴子是應該的。

〔附記〕人變猴子的傳說，在其他族裡，有魯凱族麻卡方言，因有人用手攪飯吃才變成猴子。阿美族馬蘭社，是母親責備懶惰的孩子，用杓子打孩子的屁股，杓子斷了刺上屁股，變成猴子的尾巴。曹族卡那布亞方言，有個媽媽不給孩子南瓜種子，孩子就變成猴子。還有賽德克族霧社方言和布農族卡特格蘭社、丹大社，均有上述類似的故事流傳。

人變飛鳥

一、泰雅族

1.大豹社

㈠母親不讓女兒閒在家裡，不斷地催她出去工作。有一天父親去出草，很成功，高興地邊唱歌邊走回家。母女聽到了消息，女兒想要盛裝佩帶頸飾去迎接父親。母親不給頸飾，叫她到屋外去拿劈柴後再給。女兒很快把劈柴拿回來，說：「爸爸快回到家了，媽媽，請給我頸飾。」可是母親還是不給，叫她到屋外去汲水。女兒汲水回來，說：「爸爸很快到家了，媽媽，給我頸飾啊。」母親還是不給，很冷淡，故意要爲難女兒，再叫她到屋外去餵豬。女兒很難過，臉色都變了，沈重地踏出門外。眼看著她，拍拍拍拍，發出聲響，飛起來了。母親跑出去一看，女兒已經變成飛鳥，停在枯木枝梢上休息著。母親嚇壞了，立刻去拿頸飾來，說：「這是妳的頸飾啊，給妳吧，趕快下來，爸爸快回到家了。」母親拿著頸飾顯耀，女兒卻不理，只是哇哦、哇哦，唱著歌，變成青鴿子，飛走了。

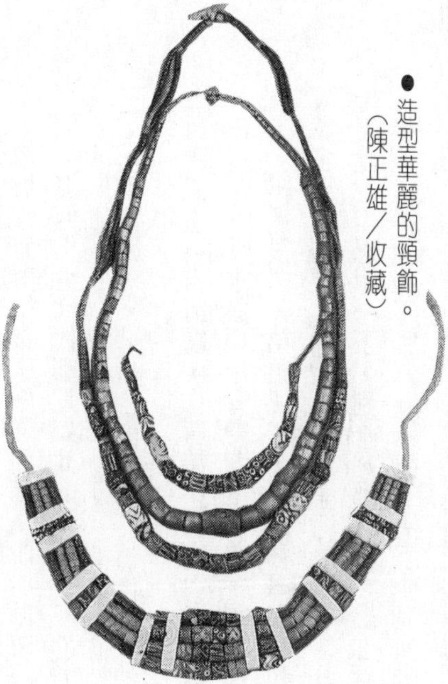

●造型華麗的頸飾。（陳正雄／收藏）

㈡古早，有個懶惰的女人，時常到旱田去。

但是從來沒有留下做過工作的痕跡。喜歡遊玩，或躲藏在木豆殼裡懶睡。有一天中午，父母去看她工作。但看不到女兒，留下一大堆木豆殼也沒有清理。父親便放火燒了木豆殼。火焰開始昇上，突然從殼堆裡，一隻雉鳩拍達拍達飛起來，說：「因為我懶惰，才變成了雉鳥，父母親啊，原諒我，今後我只要吃樹木果實過日子」，便飛走了。

〔附記〕賽德克族太魯閣也有類似的傳說。

2. 達哥蘭杜

父母很壞，騙孩子做事又不給他飾物，每次都如此，孩子很懊惱，便跑進儲倉裡，拿了自己的飾物排成翅膀排上肩膀，變成了鳶，飛上屋頂向父母說：「假如你們哄我，給我飾物，我也不要。你們毫無損失。可是我要常常飛來這裡，捕捉你們養的雞，飛到高處去吃。」從此以後果然有雞在外面，鳶就飛來抓了。

二、賽夏族

古早祖先的時候，有個晚上，小孩要求父親做弓箭給他，父親不答應。孩子說：「爸爸啊，你不肯，我該怎麼辦。我要去做鳶。這是我的珠裙，我要帶去。」孩子便帶著十條珠裙，飛出去了。

變了鳶的孩子，停在屋頂上說：「爸爸啊，我要去，我要帶我的珠裙去河邊。你看我，從今以後，如果我在河邊啼哭，就會下雨。假如你們討厭下雨，就去向朱姓的人收集稻穀，拿來搗成年糕，用年糕和珠裙，向天祈禱吧。如果我飛去山邊啼哭，天會晴朗。天晴，你們就能做好旱田工作，開墾地的雜木也容易乾，好做火柴。」鳶鳥說完就飛走了。父母親都很傷心，後悔沒有對待孩子好。而鳶鳥說的話並沒有錯，流傳世世代代都是如此。

三、排灣族

母親說：「卡凱喲，你背弟弟臼克，我們去旱田挖芋。」卡凱便用背帶背上弟弟，跟著母親走。經過很久，弟弟哭了，卡凱背著弟弟也酸痛了。「媽媽，請把嬰兒接下來，我很累。」母親說：「忍耐一下，到卡凡那，我才給你解下來。」到了卡凡那，母親卻不接下嬰兒。卡

●排灣族社會組織分貴族與平民兩階級。

凱說：「媽媽，弟弟給妳，我很累。」母親說：「到希魯基，我再來帶。」到了希魯基，母親又不帶嬰兒，而說：「再等一下，我先挖芋，除掉芋葉，再換你帶。」卡凱說：「媽媽，妳掘芋掘好了，帶弟弟吧，臼克很重。」母親說：「再等一下，我要煮飯。」孩子說：「可是我已經很痛苦啦！」母親說：「再等一下，我要把飯拿來，放在樹上。」孩子說：「媽媽，給臼克吃吧，弟弟肚子餓得哭不停。」母親便投給他芋皮。卡凱把皮裡面的芋拿起來給弟弟吃。孩子說：「再給弟弟吧。」母親又投給他芋皮，卡凱又把皮裡的芋削出來給弟弟吃。母親早已把芋全吃掉了。卡凱說：「媽媽，弟弟給妳，我太累了。」母親說：「再等一下，我要準備帶回家的東西，把東西綁好，帶去懸崖的地方，我就回來帶弟弟，你們在這裡等著。」說完就走了。卡凱背著弟弟在那兒等了很久，終於看到前面有光，以爲母親要來帶他們回去。但走近一看，那是螢火蟲。卡凱顫抖了一下，說：「啊！下來吧，臼克，我倆該變成甚麼？」便放開弟弟下來，把背帶布撕成兩半做

●阿美族人能歌善舞。

尾巴，用包圍嬰兒的四角布，撕成兩半做翅膀，然後說：「我們爬到樹上，看爸爸會不會來。」父親出來要去接孩子，在路上卻碰到母親一個人，「孩子呢？」「哦！在後面走，或許在路上玩呢」。父親跑去找，卻找不到孩子。而變成鳥的孩子，從樹上說：「爸爸，我們在這裡，因爲媽媽虐待了我們，我們才變成小鳥。」父親知道了，又生氣又悲傷，砍下山棕櫚，回家去把妻子痛打了一頓。壞母親終於被打成老鼠，吱吱吱吱叫著說：「我要咬破你的月桃寶石箱，好了，我要走了，再見。」便竄進孔裡去。

〔附記〕排灣族卡知萊社有同樣內容的傳說，只是母親虐待的不是兄弟，而是姊妹，最後兩姊妹變成白頭髮的鳥飛走。其他情節都一樣。還有魯凱族的麻卡方言也有類似傳說。母親帶孩子去旱田虐待孩子吃蕃薯皮，兄弟倆便拿衣服剪成翅膀，變鳥飛走。父親從打獵回家知道了，用沸騰的水潑上母親，把她殺死。

四、阿美族

甲家的孩子和乙家的孩子，互相幫忙去旱田工作。甲家的孩子有繼母，沒有眞正的母親。他去旱田工作，都沒有餅或飯的便當可帶。可是他的父母親，很晚才去旱田工作，每天都帶切肉或燒餅等去吃，只他們自己吃。每天如此。別的人把他的父母親這種自私的做法，告訴孩子。孩子感到羞恥，告訴朋友說：「既然這樣子，我不想回家了。」就到旱田邊緣躲起來。他把衣袖劈哩劈哩撕開，做翅膀，用小鍬做嘴巴，一會兒飛到樹上，嘎嘎嘎嘎叫了幾聲。朋友一看，變成烏鴉了。「喂！你下來、你下來啊，朋友！」他卻不肯下來。朋友便跑回家，告訴他的父母親。父母親聽到孩子變烏鴉的消息，才感覺到，啊！我們的心，太自私，太不對了，竟使孩子變成烏鴉。父母親便帶了餅和肉到旱田去。走到樹下就聽到嘎嘎嘎的烏鴉聲。父母親哭著說：「下來啊，孩子，這兒有餅有肉，長時間我們的心那麼壞，原諒吧，下來吃啊。」可是孩子還不下來。父母親就把餅和肉放在樹根上，站到遠方去。過一會兒，他才下來吃餅和肉，吃完又飛到樹上去。母親和父親看著他，傷心地哭了很久，又後悔又哭。現在，烏鴉會吃人的便當，是如此開始的。

五、布農族

1.卡特格蘭社

㈠古早有一對夫妻，妻很會織布，持有十條手織布。丈夫很會狩獵，持有十張熊皮。妻心術不良，不給丈夫衣服。兩個人互相自誇不怕寒冷。有一天到玉山去，晚上分開睡。丈夫把五張熊皮舖地上，蓋五張熊皮。妻把五張手織布舖地上，用五張蓋做夜具。夜越深越冷，妻子冷得忍不下去了，向丈夫說：「起火吧，請你起火！」丈夫不起來起火。妻子全身抖著說：「巴特斯（火），巴特斯、嘻、嘻。」突然變成鳥飛走了。這鳥就叫「巴特喜」。

㈡古早有兩個女人，一個丈夫死了，一個離婚被趕走。兩個女人悲嘆地哭，晚上睡不著覺。跟丈夫死別的女人走到山裡，被離婚的女人走到溪谷裡，都變成鳥，爲自己的丈夫悲傷地哭啼。山裡的鳥叫goguis natad（丈夫死了沒辦法之意），溪谷的鳥叫salpoiarng（心裡悲傷之意）。現在還是如此啼叫著。

2.丹大社

㈠「媽媽，給我鍋巴飯。」，母親卻不給。要孩子卡保士去採薪材。「媽媽，給我擔子。」母親不給，叫他去汲水。經過幾次虐待之後，卡保士想，死了的母親，以前不會如此虐待我。繼母卻連鍋巴飯都不給，卡保士自暴自棄地把竹簍剪斷，插進兩腋變成翅膀，打掃的掃箒變成尾巴，飛起來叫著：「可哈布、可哈布。」父親驚嚇了，跳出外面，聽到卡保士說：「爸爸，現在的這個媽媽很壞，虐待我很厲害，連鍋巴飯都不給。」父母仰頭說：「卡保士啊，下來，來我這裡，我給你飯、給擔子。」卡保士說：「不必了，爸爸，現在這個媽媽很壞，虐待我很厲害……」邊叫邊飛走了。父親哭著哭著，頭自然斷了下來。

㈡丈夫去狩獵，妻子問：「肉在哪裡？」丈夫騙她說：「爛掉了。」其實，丈夫把肉給猴子吃掉了。每次丈夫去狩獵，回來都是如此。妻子很生氣，自暴自棄地說：「你把肉只給猴子吃，好吧，我要到河邊自己去找食物。」說完便變成卡林帖希鳥飛走了。

●驍勇善戰的布農族人。

㈢拉斯和艮艮出草去。艮艮打擊對方，對方輪而倒下。拉斯把頭斬下來。拉斯說：「頭是我的。」要獨佔它。艮艮很生氣，發出「恨姆！恨姆！」的聲音，變成鳥。拉斯的做法不對，叫著「伊拿克！伊拿克」（我的東西之意），也變成鳥了。

㈣古早，祖先們在喝甜酒。有個容易生氣的女人，不願意喝甜酒。大家調戲她，用指頭沾酒揷入她的嘴裡，女人大發脾氣，變成沙克胖鳥，啼叫「娃克！娃克！」而飛走。

㈤有個人想揹纏絲器，卻揹不起來，便發出姆——姆——的呻吟聲。又想唱「海陀也——」搬運歌，卻唱不出來，只唱「俄扒哦——俄扒哦——」而已，因揹不起纏絲器，唱不出搬運歌，就慢慢變成青鳩了。

3.達馬洛灣社

㈠有個人帶狗去追獵物，狗卻不見了。人找狗，邊找邊叫，沿著稜線，爬上樹梢，嘿嘿、特特——特特——邊叫邊找，終於變成鳥了。叫做噴悠魯鳥。

㈡她原不想嫁人，因爲被男人遺棄了。但是

她想還是嫁人才好，並不是要對男人報仇。是因爲她織布技術很好，才想要嫁人。她編織花紋胸鎧，爬上屋頂，把胸鎧投給男人。男人卻不接受，把胸鎧擲向屋頂還給她。使她很傷心，就變成扎魯伯香鳥了。

〔附記〕達馬洛灣社還有「很會織布的女人」傳說，類似前述卡特格蘭社㈠說。「繼母虐待孩子」，即類似丹大社㈠說。其他同布農族的伊巴保社也有「後母虐待孩子」的傳說，內容亦與丹大社㈠說相同。

●布農族人視狩獵爲神聖的任務。

婚姻異趣

一、排灣族克拉勞社

1\.

伊禿童是一位奇人。從里拉斯社來了敵人，邀他一起去狩獵。伊禿童知道敵人要殺死他。他說：「咦！敵人的槍像鬼茅的穗，像切斷的木頭。你們等一下，等我炒好木豆。」伊禿童把木豆炒好，就吃木豆。然後說：「好了，你們要殺我，就不要讓我跑掉。請你們的頭目從大門進來，壯士們從天窗進來。把窗門所有的孔隙都塞滿。」伊禿童被敵人全包圍了，就放木豆的屁，敵人都中毒而死了。只有叫宇卡凡的青年，因木豆僅中了膝蓋，沒有死，跑回家去報告。社裡的人商量說：「看樣子我們無法打贏他，設法選一個美人嫁給伊禿童，請他把殺死的社人復活。」宇卡凡便做調解人，去跟伊禿童說：「他們願意讓你跟社裡最美的女人臼臼克結婚，要使你把殺死的社人復活，聘禮可以減少到豬牛合起來一百頭。」伊禿童答應了，他使法把殺死的人復活，便到里拉斯社去結婚。晚上伊禿童和臼臼克同睡。伊禿童的手摸到臼臼克的局部，以爲那個地方受了創傷。

他說：「打碎生薑做藥，貼在那個地方吧。」臼臼克說：「這不是創傷，是女陰，爲了給我們結婚用的。」可是伊禿童說：「我不喜歡這樣的創傷。」便跑回家去了。最後他還是主張那是創傷的傷口，要求還給他牛豬的聘禮，終於帶著聘禮回去。

2.

里拉斯社的布拉路揚，有一次跟社裡的人去狩獵，途中爬到一棵高大的樹上眺望馬卡老社那邊。看到一個叫臼克克的女人，姿勢很美而心動了。他有意想去愛她，該怎麼辦？他想一想，拔出自己一支頭髮，讓風吹。頭髮飛到臼克克那邊，被吸進她的懷裡去。

臼克克就因此懷孕了。妊娠僅五天，就生了叫克魯魯的男孩，社裡的人說：「沒有丈夫，怎能亂生孩子，使她懷孕的是誰？」經過調查，社裡都沒有那樣的男人。

有人去找里拉斯社的布拉路揚來，因爲他還在懷念臼克克。布拉路揚來了，那個孩子就說：「媽媽，你看，他就是我的父親。」社裡的人才知道孩子的父親。布拉路揚回去準備聘禮，他們便公開結成正式的夫妻。

●排灣族人也有吃檳榔的習慣。

二、排灣族內文社

古早，有個叫臼克臼的女人，把迪波本樹和洛久旦樹，投進嘴裡咬。在汲水場，把咬的東西和唾液吐在路邊。從她的唾液，竟長出檳榔樹。檳榔樹長大而結果，臼克臼就常摘果實來咬。有一天臼克臼去男朋友家，但男朋友不在。她看家裡很亂，就把家裡打掃、整頓地很乾淨，也放咬檳榔的設備，之後回家去。男人回來，看家裡被整頓的很乾淨，覺得驚訝。於是，男人想探索究竟是誰來打掃，就躲藏著。他發現臼克臼咬著檳榔來打掃，很高興，就娶她爲妻。因而吃檳榔的習慣，就流傳下來。

三、魯凱族達拉馬勾社

兩個女人對達布爾老人說：「你養這條豬，要跟甚麼交換？」老人說：「願意跟我結婚的人，就跟她交換。」女人們說：「我倆願意跟你結婚。讓我們屠殺這條豬。你在房裡休息，等我們把豬屠殺好了，再告訴你。」老人答應了。女人們欺騙老人，把屠好的豬肉放在器皿，偷偷的帶走了。留下一隻跳蚤，交代跳蚤說：「假如老人問話，你就『哦！』一聲回答他，好嗎？」便走掉了。達布爾老人等了很久，都沒有消息。等得不耐煩了，拼命地叫女人的名字。卻只聽到『哦！』的回答聲。屢次如此，覺得奇怪，走出去一看，女人們都不在。

達布爾老人追女人們，在小丘山看到女人們渡過了河，便追逐過去。女人們卻在河裡小便，河水變成熱滾滾的流水。達布爾老人想要渡過河也不行，終於蹲在河邊哭起來。女人們笑著逃走了。

〔附記〕台東卑南族卑南社也有類似傳說，同爲兩個女人騙取男人的聘禮後涉水逃掉。男人過河追到女人，但女人煮油，用滾熱的油，潑在男人頭上，男人變成烏鴉飛走。

四、魯凱族毛投蘭社

達馬諾是個矮人。很會獵鹿，也會獵其他各種野獸。跟大女人宇魯拍結婚。跟妻交合，因身體過份矮小，被抱在女人的懷裡，白天交合，人家看到也不在乎了。

五、布農族丹大社

男女結婚，男人只有頭無身。女人覺得羞恥，要回娘家。只有頭的男人跟在後面，緊咬著女人的腰巾。過橋時女人解開了腰巾，腰巾墜落，男人緊咬著不放，跟腰巾一起墜落河裡，任水漂流。流水便發出「珂！珂！」的聲音，流著流著，一直流到現在。

六、泰雅族大豹社

古早，一個家庭裡有兩個姊弟。有個晚上姊姊到弟弟房間去睡。睡到第二天早上，女兒的母親去叫女兒起來煮飯。女兒卻說：「我的頭很痛。」母親不得不自己煮好了飯，又去叫兩個孩子起來吃飯。但是兩個孩子都說：「我病了。」母親很生氣，罵孩子說，「你們會繼續痛下去的。終於會病死，起來吃一點東西才好。」兩個姊弟還是不理，不起床。母親生氣到了極點，走進房裡，冷不防的翻開了棉被，一看，兩個人緊緊擁抱在一起。母親伸手拖著一個人要把他倆拉開，但兩個人交接著無法脫離。母親嚇了一跳，趕快叫人來幫忙拖拉，可是怎麼拉也拉不開。最後，不得不把男人的局部切斷了，兩個人雖然分離了，卻同時都昏迷死去了。族人們都想，吸吮同一個乳房的乳汁長大的人，互相交接必會觸怒了神。嗣後，兄弟姊妹必須找別人選擇配偶，血親的族人不做夫妻，才不會造成不吉利的原因。

●泰雅族可能是最早來台的一族。

〔註〕賽德克族霧社方言也有類似兄妹相交的傳說，內容相同。

穿山甲和猴子

（排灣族卡知萊社、克拉勞社、大麻里社、曹族沙阿魯亞社、魯凱社麻卡社）

有一隻猴子和穿山甲，說：「我們去摘柿子。」他們來到柿樹的地方，穿山甲想爬樹，但每一次都滑下來爬不上去。猴子一下子就爬上了。猴子把摘下的柿子，放在披骨的方布裡。穿山甲就搖動方布，搖出成熟柿子丟下就撿。猴子說：「我摘的柿子爲甚麼少了？朋友啊，你是不是剪破了我的方布？」穿山甲說：「你講甚麼？你查方布看看，或許你的方布早就破了。」猴子查看了，卻沒有發現甚麼。穿山甲說：「對吧，方布沒破，我只是檢丟下來的而已。」兩個人就回家了。

天亮了，他們又說：「我們去烤蕃薯吧。」就一起去烤蕃薯。烤熟了，穿山甲說：「要吃蕃薯之前，我們去游泳吧。」兩個人就去游泳。「我們來潛水比賽，看誰潛水較久。」猴子說：「那麼，我先潛進去。」猴子潛水不久便探頭浮上來。輪到穿山甲潛水進去。穿山甲卻在水底挖土，挖到烤蕃薯的地方去，選擇烤熟的大的蕃薯吃掉，才回到水裡，探頭浮出來。然後說：「我們去吃蕃薯。」兩個人從灰裡找出蕃薯，大的蕃薯都沒有了。他們就只吃小的蕃薯。

猴子去狩獵，獵到鹿肉，用鹿肉勾在釣針去釣魚。穿山甲潛進水裡去吃猴子的魚餌，然後把內臟勾上去，穿山甲便浮上來。猴子嚇了一跳，跑回家。穿山甲跟著後，把釣到的魚帶回去。向猴子說：「你在這裡看守魚，我去汲水。」猴子留守看魚，卻把魚吃掉了。又拿穿山甲的弓箭射石頭，射了好幾次。穿山甲回來說：「你把魚吃掉了？」「不，是失蹤了，鳥吃了，你看，我用你的弓箭射，都射不中。」

穿山甲說：「魚是你吃的，你說謊，我們來比賽火燒，你先燒我好了。」穿山甲先去，藏入草茅原，挖了土，躲在土孔裡。猴子放火把草茅原燒了。穿山甲在燒過的茅原，土孔爬出來坐著。猴子跑來看他，說：「你爲什麼沒有燒死？」「收拾很多枯葉堆積起來，躲在枯葉堆裡就不會燒死。」「眞的？」猴子說：「我來躲藏，你來燒我。」「好啊！」穿山甲就放火燒了，猴子被火燒傷而死了。穿山甲剝開猴子的肚子，拿肝出來煮飯，然後把肝做菜給猴子吃，猴子吃掉肝復活了。穿山甲說：「你吃了自己的肝。」猴子要打他，穿山甲就躲入自己的孔裡去。猴子用石頭把孔口塞住了。穿山甲便挖土從別的地方爬出來，而去找猴子。猴子說：「你爲甚麼給我吃我的肝？」穿山甲說：「我不知道你在說什麼？我是從別的地方來的。」猴子說：「那麼，那個傢伙一定死在孔裡不能出來了。我用石頭把孔口塞住了。」

〔附註〕類似這篇「穿山甲和猴子」的傳說，在先住民其他族社裡也有異曲同工的故事流

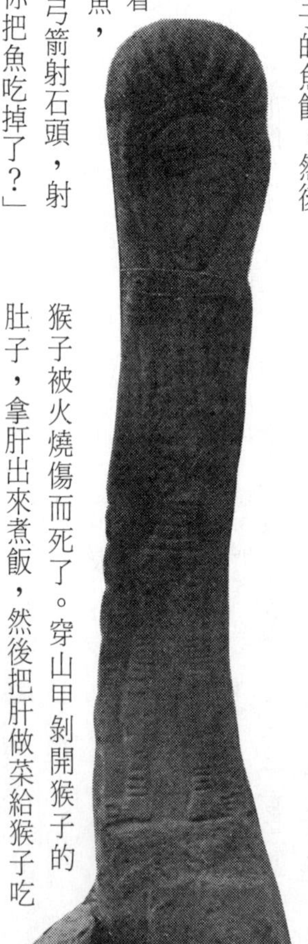

●排灣族的貴族階級，相傳爲太陽的子孫。

傳。排灣族卡比揚社「蝦子和蝘蜓」，魯凱族達拉馬勾社「豹和熊」「蝦子和蝘蜓」，同魯凱族麻卡社和特那社各有「熊和豹」，布農族人倫社「熊和豹」，布農族達馬洛灣社「河的賽跑」「烏鴉和山貓和穿山甲」或「烏鴉和穿山甲」，布農族伊巴荷社「風和雨和雪」「熊和豹」等，均傳說兄弟之間比賽畫花紋或吹噓誰較強大或聰明之類無聊爲小話題的內容。

●成長中的曹族男子，必須分階段到會所中集訓。

傻丈夫

（排灣卡吉萊社、克拉勞社、阿美
蓮卡呰社、曹族阿里山方言）

古早有一對夫妻，有個男孩，母親揹著孩子，向丈夫說：「去砍薪柴來！」丈夫就帶著長繩子去。他看到二棵檳榔樹，不把樹砍倒，就用繩子綁起來要扛走。可是樹很重，一點都不動搖。於是空手回家，向妻子說：「我砍的樹太多了，拿不動，你去拿吧。」

妻子要出門的時候，告訴丈夫說：「到了傍晚，你要給孩子洗澡，要先燒開水。還有給雞飼料時，要算一算，有沒有跑失。」似乎很不

放心地再三吩咐丈夫，便去採薪柴。

　看妻子走遠了，丈夫就燒開水。等到水沸騰了，把孩子放進去，孩子露出牙齒就死了。丈夫自言說：「我給孩子洗澡，他就高興地笑。」然後讓孩子躺在墊子上，再去餵雞。他想起妻子交代要算雞有沒有跑失，把一隻隻抓起來，扭轉脖子數一數，把雞掛在牆壁的勾子上。孩子死了，雞也都死了，傻丈夫還不知道，傻傻又高興地開始準備晚餐。

　妻子去採薪柴，但那不是薪柴，用繩子綁的是檳榔樹的根。不得不跑回家。妻子問丈夫：「有沒有數數雞多少隻？」「數過了，妳看，我都把雞一隻隻吊在牆壁上。」妻走過去一看，雞都死了，很生氣。再問：「有沒有給孩子洗澡？」「洗過了，孩子很高興，就笑著睡了。」妻走過去一看，孩子也死了。她很傷心的哭。丈夫說：「妳爲甚麼哭？孩子不是還在笑嗎？」妻子就哭得更大聲了。

　過一會兒，妻子說：「要把孩子埋葬好。」就把孩子用墊子包起來，交給丈夫帶到雜木林裡去埋。可是在路上把孩子掉了，到墓地，只把墊子埋了。回家路上看到孩子的屍體。回到家告訴妻子說：「把我們的孩子埋好了，但是我在路上看到別人的孩子沒有埋。」妻子說：「不，你說謊，那一定是你把自己的孩子丟了。」丈夫跑回去看，眞的是自己的孩子，便重新把他埋了。

　丈夫回來，妻子很生氣地罵他，丈夫就要離家出走。妻子說：「不要那樣做。」但是丈夫不聽，終於逃走了。

●阿美族人靠海而生。

狗的故事

一、阿美族馬蘭社

古早，火燒島和馬蘭社之間有個橋。那個叫洛亞卑的人，從火燒島帶三隻狗來狩獵。衆人沒有看過狗，都很羨慕他的狗。他的狗對別人吠得很厲害，有人走近牠就要吠，也有人被咬過。洛亞卑做木柵，把狗放在裡面。有一天，卑南社人做了圓圓的粟黏糕，帶五十個來。那些人站在洛亞卑家的入口說：「我們來玩，打開門吧。」洛亞卑說：「如果我打開門，狗會跳出來咬你們，那就可憐你。你有話，就在那兒講吧。」大家說：「如果狗要咬我們，我們就爬上豬舍頂上去。」洛亞卑說：「你們這麼說，我就不堅持了。」他邊打開門邊說：「咦！你們看，狗跳出來要咬你們了，眞可憐。」狗像瘋了一樣狂吠著衝向大家那邊去。此時他們把帶來的黏糕散布在南邊的院子，三隻狗就衝向五十個黏糕那邊去吃了。黏糕黏黏，黏住狗的牙齒，嘴都張不開，拼命地搖頭，黏糕也脫不掉。叫戴爾比的人，把其中一隻狗裝入布袋裡，帶回卑南社去飼養，也帶去狩獵，從此才開始有狗。

〔註〕賽夏族大隘社、排灣族卡知萊及力奇力奇社也有用粟餅黏糕抓狗的類似故事，內容大同小異。

二、排灣族內文社

古早，內文社羅巴烏家的祖先，跟同伴卡可岡家、巴來來家、投康家、卡布崙家、凡爾安家、道比里家的人，一起要移到希尼里地方去定居。然而，有一隻白狗，哭叫得很悲傷，不想在那兒停留。有人說：「狗不願住這個地方，心才不安。」於是大家收集東西，再出發。狗走到甲諾馬的地方停下來。大家以爲狗希望住在這個地方，但狗又開始走，走到達卡達地方停下來，大家就在那兒休息，以爲狗希望住那個地方，但狗又開始走，走到現在有內文社頭目的地方停下來挖土。大家都說：「狗還在這裡做永居之地了，我們在這裡蓋房子吧。」於是大家蓋起房子。狗也不再走動，竟變成白色六角型的白石了。

三、魯凱族大南社

古早，頭目卡洛爾一家，飼養一隻白狗，會懂人意，有靈性，受人喜愛。大南社以前的社區是很不吉利的地方。

有一次社區全部遷移到新的一個地方，頭目一家便蓋個很好的家。可是他們的白狗卻留在原來社址一直吠哭。家人去帶牠來新社區，狗卻又偷偷回去原地方。抓來用繩子綁起來，就咬斷繩子又回到原地方去吠。又去捕捉，就挖著土地，好像有甚麼要告訴人家的樣子。家人卻不懂狗意，誤認爲這隻狗瘋了，就放著不管牠。給牠好吃的東西，也不肯吃，只是哭吠著。因而經過一個月後就死去了。家人很害怕，把牠埋了。雖然狗死了，但是狗的靈魂還在吠。大家把那個地方叫做達洛卡可屯（吠）。

從此沒經過一年，新社區傳染疱瘡，頭目患了病突然死去，全社的人爲了頭目的死而哭，因爲頭目愛護他們，使他們幸福。然而，爲頭目的死而哭的人也全都患病死了，沒有哭的人生存下來，人數不多。死去的人多，像被魚籐毒死一樣，不知道怎麼埋葬。生存的人便遷移到別的地方去蓋新社區。所以現在大南社的人口才這麼少。

四、布農族達馬洛灣社

人睡著交合時，別人叫他們起來工作，也拔不起來。因此把人和狗的陽物互相交換了。因爲狗不必工作，很適合交換。從此以後，人交合，也不會拔不出來了。

那個時候，大家去獵鹿，狗跑得快，都會先跑回家說：「鹿是我獵到的，我背著鹿回來。」但狗說的話沒有效果，做的都是白費力氣。因而被割掉了舌頭。狗搶先跑回家會吹牛，才被割下舌頭，從此就不會講話了。

●布農族人原始的武器包括弓箭、山刀等。

2/各族傳說

阿泰雅祖先

〈泰雅族傳說〉

（泰雅族大豹社及達哥南社）

一、祖先發祥

最初，我們阿泰雅，打破石頭來到這個世間，事實就是有個大岩石的存在。是的，沒有錯，大岩石忽然裂開成爲兩片，竟有兩個男人和一個女人，從裂縫處跳出來。此時三個人所看到的，只是純粹的森林和獸類而已。因此其中一個男人說：「我討厭住在這樣的土地。」便退縮回裂縫處。其他兩個人想要阻止他，卻來不及了，他已經鑽進去了。是的，確實如此。

後來，兩個人便商量：「要怎樣做才能把我們繁殖下來呢？」他倆一直不斷地想著這件事。起初，女人爬到山的鞍部去，叉開大腿讓風吹，以爲這樣做就會懷孕，但沒有懷孕。他倆又想，是不是兩個人交接了就會懷孕？可是他倆無法馬上瞭解那種道理。他們從鼻孔、耳孔，嘴巴一一嘗試了，但都不對。有一天看一隻蒼蠅振翅飛來停在股間，於是想一想，「這可不是神的啓示嗎？」他倆就嘗試了。終於得到生物的思考——性慾，而如願，得到滿足。不久女人的身體就變化，肚子慢慢地脹起來，到了月滿，就閒起在家裡生孩子。那個母親和父親非常高興。高興大岩石裂開，成為我們阿泰雅族增殖的起源。

二、攻爭移住

古早，沙巴揚是我們阿泰雅發祥之地，人口逐漸增多。裡面的土地太窄了，遂逐漸移住下方，沿著溪川移到下游，散落到現在我們住的地方來。由於人越來越多，才把樹砍掉。古早的樹木實在不少。那時只有拜普尤人（賽夏特）

●傳說中的泰雅族的祖先是打破石頭來到這個世界。

●泰雅族的近親禁婚法則，只適用於祖親之間。

住在附近。阿泰雅越過山去攻打拜普尤，然後就占領他們的地方。阿泰雅一直攻打拜普尤，追趕他們往下游走，追到達馬洛的合流點。在那兒留下兩個拜普尤人，不殺死。那兩個人持有小鍬和少許的鹽，還有火藥和鎗。阿泰雅人頭一次看到火藥和鎗，小鍬和鹽。於是跟那兩個人交易，得到那些東西，就在這種情況之下，我們阿泰雅和拜普尤和好了，開始一起生活。

三、祖先分離

古早，祖先的人口增加，便有了分離。分成我們阿泰雅的祖先和平地人的祖先。我們阿泰雅向平地人的祖先說：「我們來分離吧，你到平地去，我們留在山裡。」又說：「我們要分離，應該把人數平分。」便召集大家來，數人數，數到一半，平地人的祖先說：「好了，你們大家大聲喊喊看。」

卻說，阿泰雅這邊的人大聲喊，竹葉就沙沙沙沙丟落下來。阿泰雅說：「現在換你們喊吧！」平地人就喊了，可是竹葉一點都不動；平地人的祖先說：「我們的人少，大聲喊，竹葉都不動，補足給我們人數吧，你們留在山裡的阿泰雅太多。」

阿泰雅把人數補充給平地人，平地人便說：「我們再喊一次看看。」於是平地人這邊喊了，竹葉就沙沙沙丟下來。再換阿泰雅人喊了，竹葉一點都不動。阿泰雅這邊的人數減少，平地人却多起來了。阿泰雅說：「你們一定藏了人數，應該補給我們。」

可是，平地人的祖先說：「不要補給你們。」便一直向平地逃去。平地人的頭目卻留言說：「好吧，我們的人數多，如果你們有甚麼爭執，就看希希爾鳥的鳥卦，如果出現吉祥，就來殺我們之中的一個人。可是，你們帶著希希爾鳥卦，出現凶象，我們就反過來殺死你們之中的一個人。」

我們阿泰雅和平地人會互相殘殺，就是從這個時候開始的。

還有，平地人在分離的時候。連鐵匠都帶走了。所以你看，阿泰雅這邊的人都是傻瓜，沒有一個人會打鐵。阿泰雅人不打鐵，才要向平地人買工具。我們向平地人買東西，卻也要殺死他們。但不是亂殺，住在同一區域的人就不殺。住在不同河川流域的人才可以殺。如此我們會庇護自己河川流域的人。從別地方來的人，才會殺死我們庇護的平地人。

卻說，我們用的珠裙，把貝殼造成像南京珠，編織在苧麻布。我們也向平地人買珠裙，用來裝飾衣服，也用來裝飾在脖子上，使我們更美麗。富與窮，就是算珠裙的多而訂的價值。一條珠裙可換一支鎌刀，跟我們現在用的金錢同等效用。

領土爭奪戰

〔泰雅族傳說〕

（大豹社）

依據古早的祖先傳言，亞泰雅族還在祖先發祥地的時候，每一條河川的流域，都屬於史卡瑪溫的居住地。從太魯閣社的河川開始，南澳社和溪頭社的河川、新店溪、大嵙崁溪、上坪溪、大甲溪、大安溪，到達克比蘭的合流點（白毛附近）都是。史卡瑪溫是古早的亞泰雅族祖先分出來的民族，因此互相有來往。

然而，他們和亞泰雅開始不和了。原因是亞泰雅頭目的壯丁們，有一次出外去狩獵，到史卡瑪溫的地方去玩。其中有一個耶悟的兒子宇洛河，調戲了史卡瑪溫的一位處女，摸她的乳房，使處女的兄弟很生氣，偷偷把宇洛河殺死。這件事觸怒了亞泰雅頭目布達。他說：「既然是開玩笑，爲什麼要殺死？顯然就是史卡瑪溫故意造成理由要挑戰的。我們應該去趕走他們，進入他們居住的地方，代替他們，擴張我們的彎曲小鍬的耕地範圍。」

布達頭目召集長老，商量討伐史卡瑪溫的方法。之後搗米，準備糧食，帶兵來到太魯閣社河川，趕走了敵人，又逐漸進入南澳社河川、還有溪頭社河川、新店社河川、大溪社河川、

●傳統的泰雅族房舍，都築於山腹。

上坪社河川。他們來到上坪社，就有瑪里可苑族出來幫忙，增加聲勢。他們打敗了那裡的史卡瑪溫，而移轉到大甲社河川去。史卡瑪溫頭目俄比魯，在那兒迎擊他們。

雙方混戰中，史卡瑪溫的一個頭目出現，大聲喊著：「我就是俄比魯．比拉克（善人俄比魯）。」

頭目布達，立刻拉圓弓箭，放箭就把他射死了。好高興地說：「我們殺死了俄比魯．比拉克，終於成功了。」勝利的歡聲反響山谷。可是走近看清楚，才知道那是俄比魯．牙珪（惡人俄比魯）的屍體，等於白高興了一場。

聽說俄比魯．比拉克逃到大安溪方面去重整軍隊，準備反擊。布達馬上又出發，跟他的兄長（宇洛河的父親）一起去。到達了，果然敵方早已潛伏在那兒。宇洛河的父親瑪悟威說：「布達啊，讓我先去，我被他們射死也不後悔，我要跟兒子的靈魂一起到冥府去。」

他便做先鋒跳出去。可是從掩堡現身不久，俄比魯．比拉克突然出現，間不容髮地拉住圓弓箭射死了他。緊跟著布達就跳出來，替他的兄長，拉圓了弓箭，親自把俄比魯・比拉克打倒。史卡瑪溫的軍隊，看到頭目被殺死，非常恐懼而畏縮，終於四散奔逃。

布達自己揹著俄比魯・比拉克和兄長瑪悟威的首級，來到卡吉南山頂，把他們埋葬了，然後回到發祥地去。

卻說，住在大嵙崁溪流域的史卡瑪溫，居住的範圍，延至毛痕的平地爲終點。頭目布達帶兵經過比牙歪山，從山頂眺望下去，才知道史卡瑪溫的領土，事實延長到毛痕，便決定再到毛痕去討伐他們。此時敵人都集中、潛伏在金腰邦的平地準備迎戰。有個馬力巴社的族人來投誠布達，和布達的部屬一起去襲擊敵人，很快就把敵人打敗了。他們獲取的首級很多，因而把這個地方分區叫做「金腰邦（襲擊處）」。

他們在這一次戰爭中所獲的首級，馬力巴社族人軍所獲的，把它排起來，竟有橫渡河川寬度的二倍半那麼長，而布達的壯丁們所獲的首級，有橫渡河川寬度的一倍半那麼長，實在太多太多。

史卡瑪溫殘餘的人，都逃亡到哈瑪巒的平地去住。聽到消息，頭目布達又指揮起兵，立刻

●泰雅族社會沒有階級、私有財產之分。

去打散他們。這一次打戰，打死了一個叫做奧瑪俄・拉彎的英雄。所以就把這個地方命名爲「哈瑪彎」，也就是地名的由來。

殘餘的史卡瑪溫，再遷移到角板山去住。布達又派出軍隊，立刻去打散他們。此時打死的英雄叫做佩牙斯・布考。他們就把這個地方叫佩牙山（角板山之意），也就成爲地名的起因。

史卡瑪溫又移到巴哥牙彎去住，布達的軍隊又追去打散他們。敵人逃到巴南平原去。此時布達他們打死了一個叫馬哥彎的大力士，就把這個地方叫做「巴哥彎」。

布達又起兵，到巴南平原去打戰，又很快打敗敵人。在此打死了叫布南的族人英雄，便把這個地方命名爲「巴南平原」。

史卡瑪溫渡過溪逃亡。逃到佳陽上岸等待時機。在那兒又有一次大戰，又被打敗了。把地名叫做佳陽。史卡瑪溫又逃亡，布達的軍隊又立刻追逐上去。布達的軍隊襲擊到可可斯里邦地方。終於把殘留在大嵙崁溪流域的史卡瑪溫驅逐成功了。

據說，布達頭目領軍打戰，每到一個地方，都把弓箭射進大樹裡，留下標誌，給後代的人做見證。現在在族人間的傳言有一句：「布達的槍尖刺上的一端」，就是這個故事的由來。

祖先的生活

〔泰雅族傳說〕

（大豹社）

㈠古早，祖先要出門，沒有能夠判斷吉凶的東西。因而遭遇疾病、受傷等，結果無法醫好而死。他們就商量要尋找一種神的代理，可判斷吉凶，達到願望。

有一天，烏鴉和希烈克鳥，舉辦拿石頭飛越溪河比賽。說：「能夠耐著得到勝利的，就做人類來往時，判斷吉凶的鳥。」於是，烏鴉先開始，嘎嘎叫著拿石頭，可是石頭連動也不動。當場立刻換了希烈克鳥，發出希—希—希—的叫聲，把石頭拿起來，飛越了河溪，在對岸放下來。由於希烈克鳥贏了，人類有事要去外地時，都由希烈克鳥判斷吉凶。

㈡古早，祖先的生活，不必勞動到疲倦，就能安逸地活下去。例如，旱田種粟子，計算種十株左右就夠了。因為煮飯時，只煮一粒粟子，就能煮出一大鍋滿盈的飯，可以吃飽。關於糧食，假如你想到要吃山豬肉，山豬就會跑進來，你拔一根山豬毛，用箕蓋起來，等一會兒把蓋子打開，就有一大堆山豬肉。你想要野鹿肉，或其他任何野獸，也都一樣可以那麼做。還有劈柴，有人交談說：「沒有劈柴了」，就自然會

●泰雅家族以夫妻爲中心。（劉還月／攝影）

有劈柴。水或其他任何日用品也都一樣，自然會有。因此，出門去狩獵或出草或探親的時候，只要把穀物的果實，放入耳環竹管裡，就可以逗留好幾天，不怕沒有糧食。

然而好景不常，終於有懶惰的人，煮飯不一粒粒煮，拿很多穀物放進鍋裡，不但煮不熟，把鍋子蓋打開，卻看了一隻麻雀啾啾叫著飛出來，飛去停在芒茅穗上，說：「從今以後，你們要勞動工作，才不會飢餓，而我們麻雀還是要吃你們的，懶惰的人，必得不到食物。」

野獸也一樣，懶惰的老婦人，只拔出一根毛，覺得不耐煩。突然剜了一大塊肉，竟使野獸生氣不自動來了。就必須去狩獵，才能吃到肉。

劈柴也一樣，女人在織布時，自動進來的劈柴碰到編織的布，女人就生氣的罵了，把劈柴抛出去，劈柴就不再自動來了。這就是亞泰雅人必須勞動認眞工作才有飯吃的原因。(泰雅族達哥南社也有類似內容的故事)

(三)古早，名叫布達的壯士是一位戰略家。他和史卡瑪溫打戰，知道人數不敵，就熟慮之後，決定「等到史卡瑪溫舉行酒宴時去襲擊」。事

實，史卡瑪溫在滿月晚上，聚集大家舉行酒宴。且說史卡瑪溫家，地板高高像儲倉般打有很多孔。人睡在地板上，把長長的頭髮從枕頭下的那些孔垂入地板下面，免有髮絲之憂，能睡得很熟。布達他們窺伺情況，知道他們喝酒到半夜才睡。

布達的偵察兵，把情況通知布達。在頭一次雞鳴時，布達就發出命令，潛去把垂在地板下面的長頭髮不留一個全部綁結起來。夜微亮了，布達他們便跳上地板，吵醒史卡瑪溫的人，說：「我來殺死你們！」就把他們殺光了。

別的史卡瑪溫聽到消息，就派兵來攻打布達。布達逃避他們，跑到深谷溪流處。溪流上架有長春藤的橋，布達跑到橋頭，很危險，他們已經追到了。布達好不容易渡過橋，他想一想，就等待在橋頭，說：「來吧，到這邊來打一場，決定勝負啊。」史卡瑪溫就渡橋過來，大家正走在橋上，先鋒要踏上橋端瞬間，布達看準了時機，把橋端切斷了，敵方哇了一聲都墜落深谷溪流下去。

還有一次，布達因爲部屬人數不多，便點上很多火把，讓敵人誤認爲人勢衆多。有一次打戰的地方只有一條路通過山突出的懸崖上，布達便收集很多鹿皮，叫家人縫成長長一張，敷貼在懸崖上，到了晚上，布達便先行打鎗挑戰。敵人多數馬上應戰來進襲，他裝著敵不過他們而逃跑。敵人喊著：「追！追！追啊！」跟在布達後面追來，來到敷有鹿皮的地方，布達避開了，很意外地，敵人一個個突進過來，都踏上鹿皮滑進懸崖墜落下去。因爲是晚上黑暗，前面的人滑落下去了，後面的人也不知道，就一個個跟著滑落下去。到了天亮，布達他們去看，在崖下就有一大堆屍骸成山哩。

●泰雅族最初居住於台灣的西部平原。

紋身的起源

〔泰雅族傳說〕

（泰雅族大豹社、達哥南社）

一、

古早，一家人只有姐弟兩個人。弟弟到了該結婚的年齡，找不到對象可以成親。姐姐非常焦急，爲了弟弟到處去找對象，但每次都失望回來。姐姐就想：「改變自己的容貌，欺騙弟弟，不知會怎麼樣？」

有一天，姐姐對弟弟說：「我爲你找到了一個女人，後天，你可以去帶她回來，她會在岔道的樹蔭下等著你。」弟弟聽了很高興。

到了約定的日子，姐姐在臉上刺染紋身，先到岔道的樹蔭下坐著。中午時分，弟弟眞的來到約定的地點，果然，看到姐姐所講的，一個紋身的女人等待在那兒。他便帶她回家成親，做夫妻了。從此，他們的人口就增加了。

紋身之後才嫁人，聽說是據於這種原因而開始的。

二、

我們阿泰雅族人有刺青，是古早的祖先就有了這一種習慣。有一次他們爲了嘗試，在脚上刺青，看起來十分美麗。因而說：「我們把刺青刺在臉上，一定更美麗。」就開始在臉上刺

●黥面是泰雅族最具特色的表徵。

青了。早期刺青，常把臉的全部刺成全臉變黑，之後，他們就會選擇在臉上刺幾個地方，越來越刺得狹窄。

刺青不是自己刺，還是要給刺身的人報酬。

給女人刺青的時候，從天亮開始刺，到日沒要刺完。也要請刺身師吃飯，爲了讓刺身師想出美麗的花紋，刺身師的報酬，就要七束（用五支鐮刀柴刀等束起來）或八束。

●泰雅族人古早就有刺青的習慣。

我們的男子，去殺平地人回來之後，要在額上和下巴刺青。我們的祖先，要殺一個人都要動員很多人，連小孩也要去出草，而把斬首得來的頭髮一支支分給小孩。回家後，去出草的人都要刺青，結果，那些小孩會像吹風般長得很快。阿泰雅的習慣是殺了很多人的勇者，才在其胸部刺青，否則不能在胸部刺青。

殺了平地人，回家時要一路大聲喊著，回到家就要在放平地人首級的地方唱歌。第二天要聚集一起跳舞。把平地人的頭放在首棚上，又要把妻子搗的粉餅，放入首級的口裡，再把粉餅拿出來分給參加出草回來的孩子吃。大家爲了慶祝而造酒，再去狩獵，回來就招待全社的人來喝酒。

賽夏族傳說

（大隘社）

一、賽巴哈浪族

賽巴哈浪族，只吸煮飯的蒸氣而活著。叫卡洛士的人來到他們的地方，說：「把飯給我吃。」他就眞的把鍋子裡大半的飯吃掉了。過了不久，他走到放橫木的地方去大便。賽巴哈浪走去看他的大便，噴噴發出聲音排出來。沒有肛門的賽巴哈浪人，感到很驚訝。而說：「你怎麼會有肛門？」卡洛士說：「把鐵絲燒紅做穿孔的工具，我來給你們穿孔，那麼就會像我這樣方便。」

然後，卡洛士眞的替他們穿孔了，而說：「穿孔之後，他們都會睡得很熟。我要到那個山上去。如果聽到我的喊聲，就叫醒他們。」

被穿孔的那些人，其實已經死了。還沒被穿孔的人說：「好了，看看穿孔的人，如果他們穿孔成功了，我們再來穿孔。」

卡洛士到達山上，喊叫了幾聲。賽巴哈浪就叫醒他們。但是他們都叫不醒，已經死了。

賽巴哈浪人拿了弓箭、刀、槍，去追逐卡洛士。正快追到的時候，卡洛士發現有檳榔，便

●黥面的賽夏族婦女。

拿檳榔切成碎片，咬成紅紅的液汁塗在穿山甲的洞裡，穿山甲的家，看上去像染了血一樣。

賽巴哈浪看到穿山甲的家染有血，就說：「卡洛士藏進洞裡去了。」便跑回家去拿鐵鍬來挖洞。然後進入洞裡，看到穿山甲在那兒。有個人說：「那個卡洛士必定是神，是來判決我們底死的神，他不是人，是神。」就這樣讓卡洛士跑掉了。（註：泰雅族大豹社亦有類似內容的傳說。）

二、達矮人

古早，在岩窟裡能聽到唱歌的聲音。大家說：「那個地方必定有甚麼東西，去看看。」大家跑過去，就看到矮小的人。

那是矮人。他說：「我叫達矮，我的妻子叫特矮。我們能夠見面很好。我們來唱巴達矮祭典的歌吧。」因此我們豆姓和朱姓的人，都接受達矮指導祭典的禮節。可是我們豆姓的人接受指導，也學不會。朱姓的人接受指導，很快就學會了。於是巴達矮祭典，就讓朱姓的人做司祭。

依據達矮說：「你們要舉行巴達矮祭典，要在粟子收穫時做刈始祭典，粟子才會豐收。祭典以結繩約束。第六天始祭，始祭前天，必須要請我們來，用無鏃箭射向我們做信號，有了信號我們就會來。你們的家必須前一天就準備

●兩年一度的矮靈祭乃爲祭矮人而來。
（劉還月／攝影）

好，舉行典禮，你們都要唱歌，一天唱招待的歌，一天做眞正祭典，一天做假送別神，一天做眞送別神。」

我們和達矮非常和睦，而做了幾次巴達矮的祭典。但是有一次達矮他們的人做了很不禮貌的事。那是我們在唱的時候，看到達矮的人接近女人調戲了。賽夏人非常生氣。便到山枇杷的枝椏從雙方接觸造成橋的地方去打傷他們。那是達矮常去納涼的地方。很多達矮人來到這兒納涼抓虱子。當時有人聽到劈唏的聲音，便問：「那是甚麼聲音？」大嫂說：「沒甚麼，只是膝頭發出聲音而已。」然而卻是橋斷了，大家都墜落河裡淹死了。只留下達矮和特矮兩個人。達矮留言給賽夏特說：「我們要到東方濁水地方去。今後要做巴達矮祭典，就隔年舉行一次好了。我們將來不會把自己讓你們看到。假如你們做了壞事，我們會抓你們來打，打死或暫時氣絕，此時朱姓的人唸咒挿上芒茅草，就會復活。我們要去了，而我們要撕破這些山棕櫚的葉子。」以前的山棕櫚像芭蕉葉子沒有破裂，可是達矮邊說邊撕破山棕櫚葉子。

●賽夏族爲台灣原住民族中最弱小的一族。

「撕破這一葉，是山豬來吃掉你們農作物的標誌。撕破另一葉，是麻雀要吃掉你們農作物的標誌。再撕破另一葉，是害蟲損害你們農作物的標誌。百步蛇會咬你們，那些都是壞的生物，會加害你們。還有，你們不會有眞正的豐年。那麼再見，我要去濁水。」說完，就走了。

勇士復活

〔排灣族傳說〕

（排灣族力奇力奇、卡知萊、克拉勞、大鳥萬、篤文等社）

古早，有一天社人去狩獵，來到沙蘭地方，叫布拉揚的人說：「你們看我。」便用力拔一棵樹，把樹木弄斷了，大家都說：「你爲甚麼要做這種事？」而很驚訝。幾天後，社人又去狩獵。布拉揚又弄斷樹木給大家看。頭目說：「你爲甚麼要做這種事？」他回答說：「我爲甚麼要弄斷樹木，因爲我想要分家，才這樣粗暴起來，我粗暴的時候，你們不要靠近我，不然會被打死。」他這麼說，大家都知道了。

不久，他去做通往汲水場的路，再做水桶放在岩石中間，很快就做好了。然後去取木材蓋房子，他不用刀子、僅用手折斷木料。搬運棟木，一次就搬完，搬運石頭做牆，扛兩次就做完了。去採頂樑，竟有寬二尋左右，長三尋左右，材料收齊便蓋好房子。社裡的人都說：「布拉揚像神，超人的強健人。」

排灣族的弓箭、槍都用竹造的，出草的時候，用竹造的武器互相戰鬥。狗也參加夥伴幫忙打戰。布拉揚出草，都要帶十隻狗去。到了敵人的陣地，他叫狗，狗就聚集，他指揮，狗就追

●排灣族的土地全歸貴族所有。

排灣族的貴族與平民之區分非常嚴格。

逐。敵人贏不過便爬上樹，狗便咬樹根。布拉揚卻用箭射殺，一支箭射死五十個人。敵人大都死了，只剩下兩個人活著。

鄰近的那達斯社社人的風習很不好，時常盜竊人家的東西又要殺人。因此布拉揚很生氣，去攻擊那達斯社。這一次布拉揚帶著平常他喜歡的一隻老鷹去。那達斯社的社人聽了消息，便動員所有的壯丁，分路埋伏在山峽處。老鷹說：「布拉揚啊，回家吧，有敵人埋伏在那邊。」布拉揚不聽老鷹的話，向前走。走到山峽的地方，多數人就跳出來打布拉揚一個人。布拉揚打輸，終被殺死了。首級和骨頭，被刺在莿竹的尖端。老鷹很悲傷，一直守在布拉揚屍首旁不願飛走。牠想：「怎麼樣才能使布拉揚活過來呢？」

然而，布拉揚有一個兒子叫沙米兒，聽到父親被那斯達社人殺死的消息，很痛心地說：「我要去那達斯社報仇。」沙米兒這麼想，不告訴母親，就拿槍去那達斯社。沙米兒很會攻擊，那達斯社人無法贏他，全都被殺死了。沙米兒發現了他父親的首級及骨頭刺在莿竹的尖端，就把骨頭拿下來收集。此時，老鷹飛來唱歌：「布拉揚的骨頭接合起來啊。」奇怪，布拉揚的骨頭眞接合起來了。老鷹又唱著：「布拉揚的肉體復元起來啊。」布拉揚就復活了。老鷹又唱：「布拉揚能夠講話啊。」布拉揚眞的能

●排灣族採行「世襲貴族制度」。

夠講話了。沙米兒便帶著復活的父親和老鷹回家。

回到山的頂峰，布拉揚就大聲歡呼。家人聽到了說：「那聲音是怎麼啦？好像是布拉揚的聲音。」沙米兒也歡呼他的勝利，社裡的人都聽到了說：「那聲音是怎麼啦？好像是沙米兒的聲音。」最後他們兩個人和老鷹都一起高喊，一看，有五重的彩虹包圍著他們。他們回到家裡來，但是彩虹還是那樣留著。於是社裡的人都跑來歡迎他們。

那時，在宇滋爾的地方有個叫達卡爾的人，常會吃人。社人告訴布拉揚，布拉揚答應帶沙米兒去消滅他。問社人：「達卡爾是太陽來到甚麼地方會來吃人？」社人回答說：「太陽出來，昇到頂上的時候就來。」布拉揚父子就到宇滋爾地方去，把達卡爾殺死了。從此以後，布拉揚便當了滋爾地方的田租收集人。而布拉揚和沙米兒都當了酋長。

〔排灣族傳說〕

眼光殺人的巴利

（排灣族力奇力奇社及卡比揚社）

古早，有個叫拉可維的人，是個眼睛會發光的巴利人。他在玩樂的時候，不論蒼蠅、豬、雞、蟲、螞蟻或其他不管甚麼東西，遇到他一看，都會死掉。家裡的人說：「你爲甚麼這樣子？你會變成壞人。」社裡的壯丁，知道這個消息很害怕，便帶他去河邊，要他看河裏的魚，試試他，是不是眞正的巴利人。他看魚，魚就全死掉了。大家說：「咦！眞的是巴利人。」於是爲了收容他，壯丁們在南方山麓找到大岩石，就在那兒蓋了房子，讓他住下來。他說：「我不能，也討厭跟別人住在一起。」就這樣，他跟別人分居了。

然而，拉可維能以眼睛的力量殺死人，不只是自己族社的人害怕，連大林庄的平地人和他社的人都害怕。因而必須常帶酒和肉和餅，輪流送食物去獻給他。而每一庄或社的花費都很龐大。他社的人和平地人都覺得他的存在相當麻煩！也有人很憤怒地說：「這樣子拖下去，大家都會窮了。」終於商量決定：「把他殺掉！」

大家聚集到巴利家去。到家，在家前面就喊：「我們帶食物來了，請你躲避吧。」巴利人拉

●排灣族的文化與藝術，在原住民中最發達。（陳正雄／收藏）

可維用雙手遮蔽眼睛俯伏下來，說：「好了，你們可以進來。」此時，平地人用大刀砍斷拉可維，拉可維很生氣便開始暴跳反攻，用眼睛睥睨他們，因此平地人死了，生存下來的不多。

彭卡利社的人都乘隙從背後襲擊拉可維，把巴利的頭斬下來。

巴利死了。彭卡利社的人便用披肩的方布把首級包起來，很高興地帶回家。回家後把方布解開了，小孩和女人們很多跑來圍著看巴利，都要看看死了的巴利的眼睛。砍斷巴利頭的壯士便把巴利的頭轉過來讓大家看，但是看到巴利的眼睛的人，都自然死去了。生存下來的人說：「這樣不行！」再把巴利的頭包回方布，帶去甲卡康河邊，丟入深淵裡去。從此以後，那個地方是不吉利的地方，有人去那兒都會生病。

●排灣族對貴族的稱呼叫做「頭目家」。

祭祀及其他

〔排灣族傳說〕

一、大鳥萬社的五年祭

我們排灣族每五年要舉行五年祭。開始時，做樹皮球和竹槍。用槍撞球練習一個月，然後把球和槍拿去頭目家，舉行五年祭。先在社門後面搭觀台，在社門後面滯留七天，再到社門前面搭觀台。女人們要做餅和酒，三天之中繼續跳二天的舞，並在社門前喝酒或撞球。此時祭拜祖先，獻上餅和酒，大家唱歌。唱的時候要唸鄰社頭目和有勢力者的名字。

五天過後要出去打獵。狩獵回來要做竹槍的穗尖，再到敵人那兒去出草。斬下敵人的首級，帶回來狂歡。大家聚集在頭目的地方，祭敵人的首級，祈禱今年的豐年而跳舞。殺死人的勇士要拿豬來祭被殺死的人而跳舞，還要「哦—哦—」叫喊著爲斬了首級而高興。在院子中央，把臼子倒翻過來，放上斬來的首級，男女圍在周圍成大圓圈，旋轉跳舞。如此祭典五天滿了，就喊敵人的首級萬歲而結束。

二、大麻里社的烏鷺

有姐弟兩個人，姐姐去汲水，回來卻看不見

弟弟。是被人抓走了？「怎麼辦？」姐姐邊哭邊到處找。

烏鷲飛來停在樹上。啾啾啾叫著：「不要哭，你給我眞的油，我去帶你弟弟回來。」姐姐就給他油，烏鷲塗上了油說：「你在這裏等，我去帶你弟弟回來。」烏鷲唱著歌飛走，不久便帶弟弟回來了。大家都說烏鷲是了不起的鳥。這是排灣族不殺死烏鷲的原因。

三、下排灣社的戰爭

巴達因人和下排灣人住在鄰居社區。這兩個社戰爭的時候，白天是下排灣人打贏，晚上是巴達因人打贏。巴達因人在晚上打贏的原因是，他們的眼睛生在膝蓋上，晚上可以走去攻打。下排灣人的眼睛生在臉上，是下排灣人在白天能打贏的原因。傳說是如此。

●排灣族有特製的祖先靈屋，做爲祖靈祭所。

愛的復活

〔排灣族傳說〕

（卡吉萊社）

沙布拉路揚常常跟妻子吵架。吃飯的時候，不想吃也要毆打妻子。因此，妻子很生氣，跑進茄苳樹的孔裡去。

過一會兒，沙布拉路揚就拿斧刀來砍殺茄苳樹，要把妻子拖出來。可是，聽到咚……一聲，妻子很害怕，就飛跑到海那邊去了。

妻子逃跑了，沙布拉路揚才開始擔心。叫壯丁們來，宣佈要去狩獵。他說。：「我要從海岸這邊走去，你們走山坡那邊去吧！」

然而，壯丁們走山坡去都得不了獵物。被趕出來的，只有蛇和狐狸而已。壯丁們很不高興，問沙布拉路揚說：「爲甚麼沒有獵物？」

沙布拉路揚回答說：「不管是蛇和狐狸，也要打獵。」然而，他自己卻在海邊，只發出趕出獸類的喊聲而已。沒有實際去追趕野獸。

●排灣族之貴族多在手掌或手臂部份刺墨。

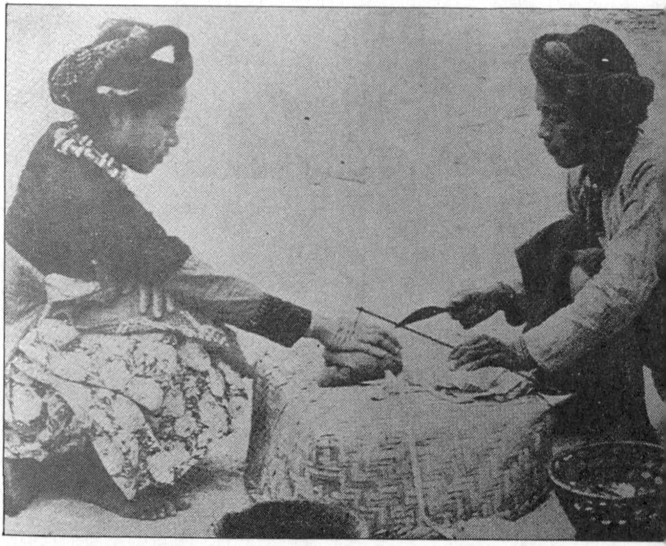

終於，壯丁們跑去看沙布拉路揚，究竟在做甚麼？他們看到沙布拉路揚，在海邊唱著「榕樹啊！快長大，榕樹啊！快長大」的歌。於是不久，榕樹就向海那邊伸出長長的樹枝了。緊跟著，沙布拉路揚爬上榕樹，一直爬到海那邊妻子的屋頂上，脫下衣服，從屋頂上丟進下面院子裡去。

妻的孩子，發現了衣服，告訴母親說：「媽媽，這件衣服爲甚麼會丟在這裡？很像妳刺繡給爸爸的衣服。」母親說：「爸爸怎麼能夠越海來到這裡？不可能。」

沙布拉路揚再次脫下背心丟下去。孩子又發現了，說：「這件背心爲甚麼會在這裡？媽媽，很像妳刺繡給爸爸的背心。」

妻子跑到屋外去看屋頂，看到沙布拉路揚在屋頂上笑著。便叫他下來進入屋子裡。

到了晚上吃飯的時候，沙布拉路揚不吃飯。妻子問他：「你喜歡吃甚麼？」沙布拉路揚說：「我喜歡吃的，只是橘子而已」，妻子拿橘子給他吃，從來沒有看過他吃得那麼開心。

要睡的時候，沙布拉路揚對妻子說：「我要睡在床脚那邊。」妻說：「不要睡在脚那邊，你會觸犯脚神。」於是他說：「那麼，讓我睡在床邊緣。」妻說：「不要睡在床邊緣，你會觸犯邊緣的神，你去柱子那邊睡吧。」

因此，沙布拉路揚就到柱子那邊去睡。

可是他整個晚上都不睡，只發出吱吱吱吱的聲音。妻問沙布拉路揚說：「你怎麼啦？爲甚麼不睡？爲甚麼發出吱吱吱吱的聲音？」沙布拉路揚瞞著妻子說：「我吃過橘子，總是會這樣，妳放心。」其實，他是在拔出家屋的柱子，再把整個屋子搬移在伸長越海過來的榕樹枝椏上，遷運到海對岸去了。

天亮了。大家都醒了。一看，才知道他們已經在海的對岸了。妻子很驚訝地說：「我們爲甚麼會在這裡？」沙布拉路揚便說：「我把你們帶到這裡來的。從此以後，我要對妳好，我們和和氣氣地生活下去吧。」

蛇妻

〔排灣族傳說〕

（卡吉萊社）

有個老人去狩獵。在山上發現很多美麗的花。他想起女兒們喜歡花，就把花摘下來，要帶回去送給女兒們。然而，他摘下的花都是蛇的所有。蛇出來，要討回花，說，「你爲什麼盜摘我的花？還給我，不然，我要咬死你。」

「花還給你好了。」老人拿花到原位去還，可是無法把花接回莖子上。接了幾次，花都丟落地面。該怎麼辦呢？老人手足無措。蛇問他說：「你有女兒嗎？」老人說：「有。」蛇便告訴老人說：「那麼把這些花帶回去送給你的女兒。愛花的女孩子，我要娶來做妻子。如果你不讓你的女兒做我的妻子，我要咬死你，你是逃不掉的。」

老人把花帶回家，問女孩們說：「誰喜歡這些花？」可是長女不愛花，次女和三女也跟著長女一樣不愛。老人哭著告訴孩子們說：「如果妳們都不愛花，我會被蛇咬死……。」聽完老人的話，最小的女孩子很同情地說：「既然如此，把花給我吧，我去嫁給蛇好了。」老人就把花送給了她。

三天之後，蛇來說：「我的妻子在甚麼地

方？」父親告訴蛇，蛇就把第三女孩帶回家去了。

他倆在走路的時候，蛇忽然變成男人，而且是一位英俊的美男子，這一變身，使女人非常的高興。他們到了蛇的家，那個家使用很多玻璃做的，蒼蠅飛來也停不住，會滑落下來，那麼太美太漂亮了。蛇不讓妻子到外面去，怕出去屋外會染上塵埃。

●排灣族社會中男女並重。

●小米、芋頭是排灣族的主要糧食作物。（劉還月／攝影）

然而，有一天蛇到旱田去，不在的時候，大姊忽然來看她。「噢！這個家這麼漂亮：如果知道能住在這麼漂亮的家，應該是我來做妻子的。」大姊又羨慕又嫉妒。「我應該想辦法殺死蛇妻。」

大姊向妹妹說：「我倆來照鏡子，比一比，誰比較漂亮。」她倆照鏡子，結果蛇的妻子比較漂亮。大姊很不高興地說：「因爲你穿的衣服漂亮，才看起來漂亮。」於是互相換衣服，再照鏡子，但是蛇的妻子還是比較漂亮。大姊又說：「因爲妳的圍裙漂亮，才看起來漂亮。」於是換了圍裙再照鏡子，還是蛇的妻子比較漂亮。「我們到水井去照一照。」大姊要求蛇的妻子。於是兩個人就到水井旁邊去照。結果還是蛇的妻子比較漂亮。大姊生氣，就把蛇的妻子推落水井裡淹死了。而大姊自己做蛇的妻子。

蛇從旱田回來，看了妻子，他想：「我的妻子爲甚麼變成這麼醜？」有一次蛇郎到水井邊去，看到一隻雞。雞說：「咕咕咕咕，連自己的妻子都認不出來！」而啼叫了好多聲。蛇郎就把雞帶回家。

第二天蛇要去旱田，臨走告訴妻子說：「好好照顧這隻雞，不要殺死。」妻子曬乾了稻子，雞卻把稻子吃掉了很多。妻子很生氣就把雞宰了。蛇回來找雞說：「我的雞在那裡？」妻告訴丈夫說：「盜吃了很多稻子，才把牠殺了。」便把雞煮好，當飯菜吃。丈夫用筷子挾起來的是肉，但妻子的筷子挾起來的都是骨頭。因此，女人很生氣，把菜都倒掉地上。

然而，從倒掉菜的地方，長出了松樹。松樹長大了砍來做椅子。丈夫坐這個椅子，都很安定不動搖。女人坐了就搖動得很厲害，而跌倒。女人很生氣，把椅子砍壞，當薪柴燒掉了。

〔註〕有關「蛇妻」的故事，尚有排灣族潮州內文社和laliklik社，均傳說女人和百步蛇做夫妻，把蛇丈夫或蛇孩子放在竹籠裏，被母親發現趕走，女人也跑掉。還有魯凱族曼投蘭社和瑪卡社，均因採花而女兒嫁給蛇，傳說內容與上述故事類似。

男女之間

〔排灣族傳說〕

（卡知萊社）

一、父親是狗

古早，卡知萊社人怠慢了，沒有到朱勞束社去用山豬乾肉繳租金。朱勞束社人很生氣，就到卡知萊社去出草要殺人。他們來到卡知萊社就躲在前院下面埋伏，等卡知萊人出來。不久看到一位美麗女人出來，他們就互相通報，商量說：「好吧，我們不要殺人，改到那個美人的地方去玩。」他們把刀拿下來，吊在榕樹。因爲刀太重，樹枝就彎了。然後到美人那兒去玩。其中一個人娶那個美人做妻子。

娶美人的男人回到朱勞束，晚上跟女人交接，可是女人沒有女陰，只有尾巴。男人說：「這怎麼搞的，她沒有東西。」剛好到了狗的交尾期，突然女人的東西就出來了。便問女人：「妳是甚麼人？父母親是誰？」女人回答說：「我的母親是人，父親是狗。」這個女人生孩子，每次都生了兩個。

二、妻逃回娘家

女人們在屋頂上搗粟。當時的天很低，太陽

●排灣族著名的石屋。(劉還月／攝影)

很熱。一個女人怕熱，用杵大力撞上去，果然撞壞一個太陽盲目了，變成月亮；同時天發出聲音昇高了。

天變黑暗，身體有刺的男人沙達守大聲喊叫，使女人們害怕，躲避到粟倉後面去。可是沙達守追逐去把女人抓出來。沙達守說：「請妳坐在磨刀石上，我扛妳去玩。」女人說：「不要，我害怕你的刺。」沙達守還是把她抱起來，扛回去做妻子。

結婚後女人去洗衣服，看到好多魚，就撈回家煮。女人吃魚吃壞了肚子。女人說：「我要去大便，我害怕黑暗，請你帶我去。」沙達守帶她去。回來不久，女人又要去，說：「我害怕，請帶我去。」沙達守帶她去，回來不久，女人說要去。如此去了好幾趟，沙達守討厭說：「我不想跟妳去了，原諒我吧。」於是女人一個人去。大便完了，女人咒語給大便說：「如果沙達守叫，你就『啊……』一聲回答他。」說完，就逃回娘家去。

過一會兒沙達守喊他的妻子，大便就「啊……」回答他。又喊又「啊……」，再喊再「啊……」。如此經過好幾次，沙達守覺得奇怪。「爲甚麼那麼久不回來？」便走過去看，只看到一大堆大便而已。

沙達守很生氣，用自己勃起來的東西撞石頭，石頭就發出火花。

三、殺夫

古早，有一對夫妻很窮，連吃的東西也沒有。「我們沒有賺錢的方法，該怎麼辦？」丈夫就到別社去找工作，好久沒有回來。

有一個男人誘惑那個妻子，說：「你的丈夫不回來了，我們做夫妻吧，難道妳喜歡獨自一個人？」被誘惑了幾次，女人終於傾情。兩個人的心就互相瞭解，拿酒和竹杯喝酒，喝完，把酒和杯子放在床邊，就睡了。

卻說，丈夫回來了。途中遇到一個賊。賊說：「我替你拿行李吧，你給我工資五百文沒有問題吧！」丈夫說：「嗯！也好，給你拿，我給你工資好了。」賊就先走，把東西送到他家，想要進去，卻看到那個妻子跟一個男人在喝酒。賊不敢出聲把行李放在一邊，他想「躲在房子裡，等他們睡了之後，盜東西再走。」他便躲藏在黑暗的地方。

不久，丈夫回到家，情夫發覺丈夫回來，趕快躲藏到床下去。丈夫進來，妻子假睡，看起來睡得很甜。丈夫叫醒妻子問：「爲甚麼這兒有酒和酒杯？」妻子說：「對啊，我都是這樣準備等你回來的啊。」於是妻子又拿菜來，兩個人喝酒，把丈夫灌醉，讓他睡了。

他倆夫妻在喝酒的時候，賊和情夫都躲藏在黑暗的床下。沒想到床下有隻雞，賊碰到雞，雞咕咕叫著。賊嚇了一跳，馬上移到床的頭邊去，在那兒卻跟情夫的頭碰撞，「咦！這個地方怎麼會有人？」他想著改變陣地，又躲藏到裡面去。此時情夫也因有人碰到他的頭，很害怕，便移到裡面去。這兩個人的頭又碰到了，因這一次撞得比較激烈，眼睛發出火花，賊很敏捷地逃到樓上的倉庫。情夫也想，在這裡不安全，應該躲到樓上的倉庫，就匆忙爬上樓。可是在樓上黑暗中，兩個人的頭又撞上了。「這個家這麼黑暗的地方，怎麼藏著這麼多人？」賊害怕地全身開始顫抖。

跟妻子喝酒醉的丈夫睡得不省人事了。情夫便跳出來問女人：「妳要怎麼辦？」女人說：「我要跟你做夫妻，不要他，把他殺死吧。」他倆便商量：「不要人家知道誰殺死的，該怎麼做？」女人說：「醉昏昏的人，我們拿吹火竹筒，把蛇放進去，在他的嘴裡，用火燒蛇尾，蛇就會潛進他的肚子裡。」兩個人商量好，就做了，殺死丈夫。賊看到他倆放蛇，毒死丈夫，有了死人，害怕極了。匆忙爬出外面跑掉了。天亮之後，頭目知道有人死，就去查看，問妻子，妻哭哭啼啼，說：「我怎麼知道是誰殺死我的丈夫啊？」說完，哭得更大聲。

有一天頭目去旱田，偶然遇到那個賊。頭目問他：「你爲甚麼不娶妻子，我給你作媒吧。」賊搖頭說：「要我娶女人，我才不敢呢。我偷偷看過用蛇殺死丈夫的妻子，我很害怕女人。」終於把他看到的事實告訴了頭目。頭目抓到了殺人兇手，把那個女人和情夫處死了。

四、離婚妻

沙布拉揚的妻子沙拉蕾全身患了疥癬，看起

●排灣族的雕刻工藝最爲發達。（劉還月／攝影）

來不潔又醜。使沙布拉揚很討厭，就把她離婚了。另娶沙臼克爲新娘。

娶沙臼克時，請大家來跳舞。被離婚的沙拉蕾很傷心，到灶後去，說：「能洗掉我疥癬的水湧出來多好！」而唱歌。眼看著，眞的有水湧出來了。她用湧出來的水洗疥癬。疥癬就消失了。沙拉蕾沒有想到自己會變成非常美的人。於是她化粧，到大家在跳舞的廣場去。但不參加跳舞，爬到屋頂上，只看人家在跳舞。

可是由於她太漂亮，使跳舞唱歌的人都感覺到晃眼。「那是甚麼？」大家仰頭看上面，看到沙拉蕾在屋頂上，跟太陽一樣美麗。

沙布拉揚也看到了。起初以爲是哪裡來的仙女，一看清楚才認出是沙拉蕾，便用開牽著手跳舞的新娘，跑上去，緊抱著沙拉蕾的腰部說：「我們再做一次夫妻吧。」女人說：「我是被你遺棄的女人，你討厭我，我也討厭你。」沙布拉揚說：「那是因爲妳患了疥癬，我才不得不跟妳離婚。」可是無論他怎麼要求，沙拉蕾都不答應，跑了。沙布拉揚一直追逐她，不死心，使沙拉蕾不知道如何才好。

沙拉蕾被追逐而躲到山頂，已經很疲倦。於是騙他說：「我的斗笠放在屋頂上，忘記拿來，如果你去替我拿來，我就跟你做夫妻。」沙布拉揚很高興，立刻跑回去拿斗笠。可是到處找不到斗笠，焦急地趕快跑回沙拉蕾的地方，卻看不到沙拉蕾，爬到最高的樹上，才看到沙拉蕾已經逃到海邊去了。

站在海邊，沙拉蕾說：「變成蜘蛛多好」而唱歌。她就像蜘蛛般浮上海面走，走到海的盡處才上岸，就不見了。然而沙布拉揚非常戀慕她，想辦法進到海的盡處來，不知道經過多少個日子，才找到沙拉蕾，看到她已經跟新的丈夫在一起了。沙布拉揚的戀情發瘋，便跳海自殺死了。

石窟門及其他

〔排灣族傳說〕

（卡吉萊社）

一、兄弟

古早有兩兄弟，弟弟說：「院子裡的榕樹，樹蔭是我納涼的地方，我搖了樹，就從樹上有錢掉下來。」哥哥說：「那麼，我也要去納涼、搖樹，我就會有錢。」不久，哥哥去納涼、搖樹，但從樹上掉下來是很多蛇、蚯蚓和石頭。哥哥很生氣，要打死弟弟。弟弟說：「你不相信，以爲我騙你，來吧，我去搖樹給你看。」說完就搖樹，事實有很多錢和布掉下來。哥哥不得不相信了。

弟弟又說：「我有一隻很好的鐵鍬，用這隻鐵鍬挖土，會挖出很多寶物。」哥哥說：「那麼把鐵鍬給我。」哥哥用弟弟的鐵鍬挖土，無論怎麼挖、挖出來的都是石頭和木片而已。哥哥很生氣，把鐵鍬丟入河裏去。因此弟弟也生氣，兩個人就互相不講話了。

有一天弟弟吃了韮菜，吃完到頭目家去，頭目聞到弟弟的呼吸很香，就給他很多禮物。這件事傳出去，被哥哥聽到了，哥哥便去盜很多韮菜來吃，吃完到頭目家去，他以爲頭目也會給他很多禮物，但是他吃了韮菜很臭，很不禮貌，頭目很生氣，拿棍子打了哥哥，使哥哥嚇跑了。

二、斷手的上社人

有四個孩子的母親去旱田工作。出門時媽媽吩咐孩子不要打架。母親的工作很多做不完，天黑了很晚也沒回來。孩子哭了。

上社人聽了孩子的哭聲，說：「我去吃掉那些孩子。」就去了，喀、喀、喀敲門說：「把門打開！」可是孩子們不打開。上社人想要強行進入，還是打不開門。他騙孩子們說：「我是你們的媽媽，把門打開。」孩子說：「如果你是媽媽，把你的手臂伸入孔裏，給我們看看。」他眞的把手臂伸進去。孩子們看了，知道不是媽媽的手。於是，孩子們抓住手臂，全身搭拉著搖啊搖，搖到手臂彎了很痛。上社人拼命要抽回手臂都不成，終究切斷了手臂，逃跑了。

三、石窟門

古早，一群人去狩獵，忽然遭遇降雨，便進入石窟避雨過夜，雨越下越大，洞窟上的石頭發出聲音落下來。有人說：「我們會被石頭壓死。」但另一個人說：「沒問題，用弓箭支撐就沒問題。」然而弓箭撐不住，岩石崩坍了，

●刺繡最發達的排灣族。

臥在窟內的人都被壓死了。他們之間，有一個人患了疥癬，一個人患了白雲性的皮膚病，被衆人討厭，不得不臥在窟外沒死，就把衆人被壓死的災禍，回去報告社人。現在把石窟的地方叫做「伊瑪抓克斯（互相支撐的地方）」。

四、昇天的女孩

古早，親子去旱田工作。母親讓姐姐揹著弟弟在旱田邊緣，弟弟卻哭了。姐姐要求媽媽給弟弟吃奶，可是母親正在忙工作。姐姐說：「弟弟的肚子很餓，給他餵奶吧！」母親對姐姐再次的要求都不答應。揹著弟弟的姐姐肩膀也懶倦了，弟弟又哭不停，「怎麼辦？」姐姐想哄弟弟不哭，爬上叫「牧伊」的石頭上唱歌。神聽到女孩唱歌，特地跑來看。神很同情，便把弟弟從姐姐肩膀解下來，讓弟弟睡在草蓆上，把姐姐帶上天去了。

傍晚，母親忙過了工作，又聽到孩子的哭叫聲，走過去一看，只看到弟弟躺在那兒，姐姐卻不在了。母親很擔心，抱著弟弟到處找都找不到。天黑了也不回家，母親和父親都很憂慮，只是傷心地哭了。

經過很久，失蹤的女兒回家來，但已長大了，變成漂亮的處女，父母親都認不出自己的女兒。女兒便將那天昇天的經過告訴了父母。並說：「我現在已經是神的孩子，不能住在這個家。」父母親認出自己的女兒，懷念得那麼久而很高興，抓住她的手或腳，不願讓她離去。「不要去，妳應該留在這裏。」但是孩子不得不離開，她說：「給我三粒粟子。」說完，拿了粟子插入頭髮之間，「我要自己種，自己搗粟子，我搗粟子的時候，你們會聽到天上在打雷。聽到天上打雷，你們就知道那是我在搗粟子。」一瞬，女兒的影子就不見了。父母又傷心地哭泣。

●排灣族的珠繡禮服。（陳正雄／收藏）

〔排灣族傳說〕

寶物及其他

（內文社）

一、寶物

祖先的頭目家有三個寶物，是從大武山帶來的。有一次三個人去卡吉來社出草，其中一個被卡吉來人殺死了，頭被拿走。其他兩個人把屍體扛到大武山來，在那兒三個人都變成寶物，而其中一個沒有頭，就是這個原因。

二、石扇子

祖先沙拉艾在發祥地時，持有石扇子，自己用來扇風。扇子上有人或豬的彫刻。經常豎立在頭目的眠床邊。可是在最後的戰爭時，家屋被燒，同時石扇子也燒掉了。沒有留到現在。

三、造河川

聽說古早沒有河川。希希爾鳥和鳶主張造河川，說：「我們連喝的水都沒有。」可是鷹和鷺不願幫忙，只有鳶幫忙希希爾鳥，合作造成了河川。希希爾鳥說：「你們不幫忙，就不要喝河水，如果喝了身體會膨脹。」因此，鷹和鷺喝水，身體都會膨脹。現在也是如此。

四、吃蛇

洛凡鳥家的頭目沙拉艾只喜歡吃蛇肉，人家送來的獸租（狩獵時繳送頭目的肉）都不吃，而吊掛在外面任其腐爛。臼崙家人對他說：「讓獸肉腐爛太可惜了，給我們帶回去吃，好嗎？」沙拉艾答應了。洛凡鳥家的獸租等於由臼崙家接受，所以馬吉巴和卡吉來的土地，也等於臼崙家的土地了。這變成了慣例。

還有，洛凡鳥家接受他人幫忙工作的時候，要請幫忙的人吃飯。沙拉艾就說：「飯要慢慢吃，因爲有甲布尼奎肉（蛇肉）可以吃。」幫忙的人不知道甲布尼奎肉是甚麼。等到要吃甲布尼奎肉，打開蓋子，才看見鍋子裡裂開的百步蛇肉，而很害怕，說：「煮了最污穢的蛇肉，要給我們吃。」大家都跑掉了。

五、種鹿

沙布爾用苧麻捻成繩子，帶孩子去雜木林。叫孩子握住繩子的一端站著，沙布爾拿長繩子在林子邊緣繞了一圈，回到孩子的位子，把繩子兩端合起來，然後用力拉緊繩子，林子的樹林木都一次被砍倒了。

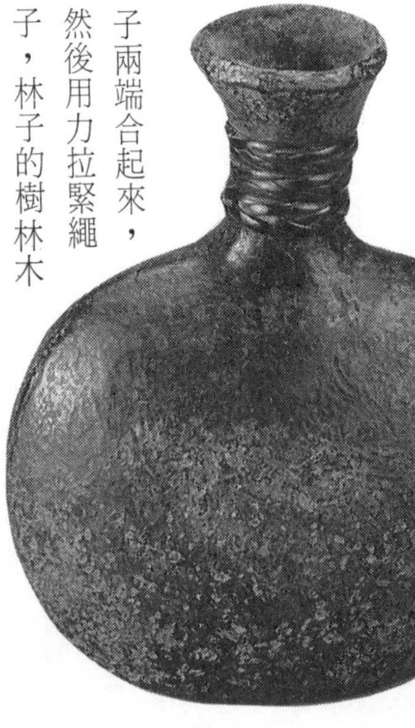

●排灣族珍貴的扁壺。（陳正雄／收藏）

過了一段時間，樹木都乾枯了，沙布爾就去把乾材燒盡，再播下粟籽。過了不久，沙布爾叫孩子去看播種的結果。「看到甚麼？」「伯父，甚麼都沒有。」再過了不久，沙布爾又叫孩子去看，孩子回來說：「伯父，有很小的東西在蠕動。」「不管它，讓他蠕動就好。」再過了不久，沙布爾親自帶孩子去看，旱田的那些東西都已經長大成爲鹿、豬、山羊了。

六、無聊

有一天，人們都互相談起，說：「我們太無聊，應該如何才有事做？」有人建議：「去買跳蚤來養。」有人建議：「去買腫疱或風濕症來，栽植在脚。」於是他們就做了。有人買跳蚤播種在頭髮裡，無聊就互相抓跳蚤，打發時間。有人買腫疱或風濕症栽殖在脚腿上，脚腿痛疼就不會無聊了。買跳蚤的是卡可康家的人，買腫疱是卓魯魯家人，買風濕症是道比里家人。他們都有先見之明，傳說就是如此。

七、土地

沙巴斯跟卡布崙家人談判有問題的土地。沙巴斯說：「這片土地是我的。」卡布崙說：「土地是我的。」而互爭、毫無結論。談判過幾次，沒有結論就離開了。

有一次沙巴斯只有一個人，卡布崙家就有全社人在場。沙巴斯說：「好好商量土地的事情。」卡布崙家人卻說：「我們來打仗解決。」而用弓箭射沙巴斯。沙巴斯說：「不要射，好好商量。」但他們不聽，射出了箭，沙巴斯躲避得快，箭都射不中。但卡布崙人要繼續射箭。沙巴斯說：「好吧，你們既然不聽，就來打吧，但稍等一下，等我磨刀，磨完了再打。」沙巴斯開始磨刀，就發出火花，火焰忽然擴張到全平地去，而燒到力魯魯地方。「咦！我們敵不過他，跳走啊，跑啊！」卡布崙就這樣跑掉了。沙巴斯喊著說：「不要跑，土地的事還沒商量好。」卡布崙社人說：「土地的事，我們都答應了。」這場爭執就如此解決了。現在這些土地，都屬於沙巴斯的土地。

●排灣族頭目家用人體像或百步蛇爲家世紋章。（劉還月／攝影）

因果報應

〔排灣族傳說〕

（力奇力奇社）

有個叫丘臼克的女孩，跟父母死別了。她的叔母莫卡伊，很自私，只想虐待丘臼克，把社裡丘臼克所有的土地財產都搶走了。丘臼克不得不來到馬卡查住下來。

在馬卡查，有布拉揚和可魯魯兩位青年，常常來訪問她。這也使叔母莫卡伊嫉妒了，她責備青年說：「你們爲甚麼要去訪問那個髒女孩？」他倆愛丘臼克，便三個人一起到旱田去工作。莫卡伊就跑來說：「你們兩個人爲甚麼要幫那樣髒的女孩？穿的衣服髒，臉也醜，你倆回去吧。」但兩個人不聽。三個人一起種完蕃薯，就到茅屋去吃午餐。叔母莫卡伊對丘臼克說：「不准你接近他們兩個，你的全身那麼髒又臭。」然後把飯分給丘臼克，叔母的飯很多，分給丘臼克的卻是那麼一點點。兩個青年

●全副武裝，準備出獵的排灣族人。

吃過飯，又來到丘臼克那兒，一起去旱田。

傍晚從旱田茅屋要回家的時候，莫卡伊說：「我帶兩個男人回家去。」而叫丘臼克住在茅屋。但丘臼克不肯。莫卡伊爬上茅屋的高處，強迫兩個男人：「回去！」丘臼克只是悲傷地哭著。兩個男人要帶丘臼克回去，但她只是哭著不聽話了。他們不得不留下丘臼克獨自在那兒，回家去了。

晚上，早已死去的丘臼克的祖父布拉溫，知道這件事，就帶著箱子出現。箱子裡有頸飾、手環和衣服等很多寶物。老人說：「丘臼克啊，你把衣服換掉，你穿得太髒了。」丘臼克就換了衣服。老人說：「這些貴重的裝飾給你，我要走了。」但丘臼克要求老人帶她走。老人說：「你爲甚麼這樣要求？我是很早以前死去的人，不行！」老人就走了。

天亮之後，昨天的三個人又從家裡來。一看丘臼克穿著美麗的衣服，帶掛貴重的頸飾和手環，莫卡伊說：「你是從哪裡盜來的？」丘臼克回答說：「昨晚，有位老人來送給我的，老人說他知道叔母虐待我，要我回家，就請風來清潔房屋。」他們要回去的時候，丘臼克請兩位男人扛他的那些東西。莫卡伊叫他們不要扛。丘臼克說：「無論如何，你倆都要扛，那不是盜來的東西，你們不必害怕。」兩個人就扛了。回到家，丘臼克叫風來清潔家，家變成新家一樣，他們把東西放進屋裡。丘臼克把水和豬放在家裡面廚房的地方，而唱著說：「水乾涸吧！」水就乾涸了。在全社裡，煮飯的水和飯用的水都沒有。因此小孩和大人都死了。社裡的人就派人來哀求說：「丘臼克啊，社裡的人不懂事，有人欺負你、輕蔑了你，都是不對的，請你原諒，給我們水吧。」丘臼克叫他拿毯子來，用毯子潤濕了水給老人。大家就來吸吮毯子的水。丘臼克對社裡的人說：「你們知道了吧，這就是因果報應。」然後丘臼克唱著，說：「我要給全社有水，水湧出來吧。」水便湧出來，使全社繁榮起來。

婚姻異變

〔排灣族傳說〕

〔排灣內社〕

馬卡茶社有個叫臼臼克的女人，跟可魯魯結婚，生了一個男孩叫布拉揚。

還有，馬卡勞社有個叫毛阿凱的女人，跟拉路揚結婚，生了一個女孩叫丘臼兒。

布拉揚去找丘臼兒互爲依斯糾（年輕男人訪問年輕女人交際之意）。逗留三天之後回到馬卡茶社，告訴父母親。父母親同意他們結婚，就找媒人宇卡凡，說：「你去問他們聘金需要多少？」宇卡凡去了，回來報告：「對方只是說，頭目聘金不能有差異，是固定的一百圓加十圓。」這對婚姻就這麼決定了。

父母親說：「我們明天去狩獵，朋友啊，去採取結婚用的頭飾花。年輕人採花，老年人切肉，狩獵去吧。」「採怎麼樣的花才好？」「小蕊的才好。」「好，我們採好回家準備晚餐吧。」

大家互嚷著，很忙。不久大家都回來了。年輕人造完了頭飾花，老年人切完了肉。

「結婚典禮啦，到馬卡勞社去。」

全社的人就到馬卡勞社附近的休憩所，打信號的鎗聲碰！碰！碰！結結巴巴地響了。

「丘臼兒喲，出來外面看看，馬卡茶社的人

已經來到那兒啦。」社的人叫丘臼兒，然後去向馬卡茶社的人說：「你們走遠路來，口渴了吧，也受風吹了吧，哦，請你們吃檳榔……」馬卡茶社的人回答說：「是啊，我們走過遠路，口渴了，也受風吹了。」

結婚典禮熱鬧了三天，馬卡茶社的人說：「我們回去吧，孩子和老人們在等我們。」就回去了。布拉揚留在馬卡勞社，跟丘臼兒同居。

但是經過了一年還不生孩子，一點徵兆都沒有。馬卡茶社的父母心不安，就叫媒人宇卡凡來。說：「宇卡凡喲！你去馬卡勞社，叫布拉揚帶儲倉裡的粟子回來。」宇卡凡來到馬卡勞社，布拉揚看到宇卡凡就問：「宇卡凡伯母啊，妳來了有甚麼事嗎？」宇卡凡只是說：「我很懷念你們，只是來看看。」就回去。布拉揚的父母問：「布拉揚怎麼說？」宇卡凡說：「我去看了，他倆都很和好，我覺得好可憐，不敢講出口……」父母親叫了別的女人宇里雅，「宇里雅喲，你去叫布拉揚回來。」

宇里雅就去，告訴布拉揚說：「你們父母親要你帶儲倉的粟子回去。」布拉揚問：「爲甚麼這樣子要我回去呢？」宇里雅說：「是啊，這該怎麼講，是因爲你們不生孩子的關係，要你們離婚。」「不要，你們爲甚麼這樣講，我倆不答應離婚。」不過，布拉揚還是聽話回到父母親家一趟，知道父母親的意思，又來到丘臼兒家，丘臼兒問他：「父母親怎麼講？」布拉揚卻說：「沒有，其麼也沒有講。」丘臼兒和布拉揚兩個人擁抱著都哭了。

卡那凡社的人聽到風聲，說丘臼兒很煩心，就說：「好啊，我們去訪問丘臼兒吧。」而去了。可是布拉揚還在她的身邊，丘臼兒不願出去。布拉揚對丘臼兒說：「卡那凡人來到那兒要訪問妳，妳沒有討厭他們的理由吧，雖然我還在這裡，但是我倆已經是兄妹了，有什麼關係？丘臼兒喲，妳出去見他吧。」丘臼兒說：「這，我怎能答應。」布拉揚說：「妳不能不答應，是俗規，不然，我回到馬卡茶社去好了。」「不要！我不願意離開你啊！」丘臼兒不得不到外面去，對卡那凡人說：「給你們檳榔和大碗的酒，你們喝吧，你們走遠路來，停留在休憩所，口渴吧，也受到風吹了吧？」「是啊，我

●排灣族的結婚儀式。

們接受，喝你們的酒，我們眞的口渴了，也受風吹了。」經過三天，他們回去便叫媒人宇卡凡說：「宇卡凡伯母，請妳回頭，去問他們需要多少聘金？」宇卡凡去問了，回答是：「頭目的聘金不能有差異，是固定一百圓加十圓。」「這樣好，我們去狩獵吧，去採頭飾花。」他們去狩獵兩天。年輕人採頭飾花，老年人切肉。「怎麼樣的花才好？」「小蕊的才好。」「好了，我們回家吧，太陽下山了，把採來的花解開，把獵物拿出來，回家準備晚餐吃啊。」大家回來，年輕人造完了頭飾花，老年人切完了肉，我們明天要到馬卡勞社去結婚，全社人爲準備而忙。

第二天卡那凡人來到休憩所，打信號鎗聲碰！碰！結結巴巴地響了。

卡那凡人來到院子。布拉揚告訴丘臼兒該到外面去。丘臼兒說：「這，我怎麼能夠答應呢？」而哭了，布拉揚也哭了。布拉揚說：「無論如何，妳應該出去，爲甚麼妳不出去，那麼我回去馬卡茶社吧。」終於丘臼兒走出去，跟卡那凡人一起過了三天。

於是布拉揚回到馬卡茶社去，鬱鬱不樂，第十天就死了。要埋葬在哪裏？請巫師占卦，布拉揚的靈魂，轉移巫師說：「埋在我領地的東南邊」

丘臼兒聽到布拉揚死亡的消息，便說：「去，我們去卡那凡去。」就坐轎出發了。經過埋葬布拉揚的地方，丘臼兒說：「讓我下轎，我要祭拜。」丘臼兒在祭拜的時候，忽然跟布拉揚的靈魂兩個人變成蝴蝶，翩翩飛到太陽那兒去，問太陽說：「爲甚麼不給我們生孩子？」太陽給他倆各一個頭飾，頭飾成爲生孩子的基礎。兩個人生了叫丘布魯一個兒子。

丘布魯下界到馬卡茶社去，把葬在那兒的飾物以及一切的東西都打毀，打得亂七八糟。社裏的人說：「這個人是誰？從哪一村社來的？殺死他。」丘布魯卻說：「隨你們要怎麼樣就怎麼樣吧，我的祖母是臼臼克，祖父是可魯魯，你們殺死我好了。我的母親是丘臼兒，父親是布拉揚，我就是他們的兒子。」哦！原來是頭目的兒子，社裏的人都服從他，他就在那兒住下來了。

磨刀石遺跡

〈排灣族傳說〉

（篤文社）

有個叫沙布路康的人住在天界。母親和父親去旱田耕作，一個人留在家，跟朋友玩滾圓球。忽然找不到球，他說：「咦！我的球滾到哪兒去了？看不見了。」

他去找球，找來找去，看到球滾落洞孔，滾落到地界去了。他跟著球滾落的地方，來到地界。那兒有部落，他問部落的人，說：「我來找我的球，你們有沒有誰看到？」

部落的人說：「我們都沒有看到，去問達克勞阿婆吧！」

他去問達克勞阿婆，阿婆說：「我不知道啊！」。可是，沙布路康發現球滾入阿婆的眠床下。他拿起球說：「阿婆，這是我的球，妳看，就在這裡。」

「我竟沒有看見它。」

沙布路康說：「阿婆，妳這個地方很不錯，我可不可以住在妳這裡？」

「沒有問題，你愛住就住下來吧！」

就這樣，沙布路康就住下來了。

經過不久，沙布路康說：「阿婆，部落的人都說要去河川抓魚，我應該帶甚麼去？」

●排灣族只有長幼尊卑之分，沒有嚴格的年齡分級制度。

老女說：「你應該帶有柄鍋子去。」
他就帶有柄鍋子去。別的人都抓不到魚，他卻抓了很多魚，扛回來。
有一次沙布路康說：「阿婆，大家要去狩獵，我應該帶甚麼去？」
老女說：「狩獵應該帶我的簪子去。」
他帶了簪子去，而大家都說：「我的朋友啊！不要跟沙布路康在一起，他帶著女人用的簪子，很不吉利。」

他們開始狩獵。可是，沙布路康捕獵到很多野獸，別的人甚麼也沒有獵到。

還有一次，沙布路康說：「阿婆，大家說要出草獵人頭，我應該帶甚麼去？」

老女說：「帶我的簪子去。」

然而他殺了很多人頭，別的人連一個都沒有殺到。大家很不高興。商量說：「朋友啊！我們怎樣來對付他？爲甚麼我們這麼多人都贏不過他，我們把他殺死吧！」

剛好沙布路康出去玩，路過那兒，聽到他們的陰謀。他怕被殺死，跑回去告訴老女說：「社裡的人要來殺死我，阿婆，我要回到天上去。」

老女說：「不，沙布路康，你住在這裡，大家雖那麼說，可是沒有辦法對付你的。」

沙布路康堅持說：「不，阿婆，我還是回到天上去，才不會連累妳。」

他把攜帶的小磨刀石，豎立在地上。磨刀石立刻長大，變成石柱子，延伸到天上。他拿檳榔給老女說：「阿婆啊！妳咬著這粒檳榔，等到吐出來的碎屑，乾燥了，就躲進眠床下藏起來。」

說完，手拿著球，上天回去了。回到天，就把石柱子踩斷。於是，伐里凡柳社的人，全被丟落的石塊壓死了。只有達克勞阿婆一個人生還。

沙布路康回到天上，父母親問他：「你去哪兒？我們都以爲你死了，怎麼還活著回來？」

父母親非常高興。沙布路康向父母親說：「我追球到地界去，住在達克勞阿婆家裡。她對我很好，但後來險而被部落的人殺死，才回到天上來。」

父母親說：「假如你死了，我們連這些事情都不知道。」就哭了，邊哭卻又很高興。

現在，伐里凡柳社（近口社）的地方，還留有很大一個白石頭，那就是沙布路康當時的磨刀石。

孤兒和烏鴉

〔排灣族傳說〕

（篤文社）

有兩個兄弟，是沒有母親和父親的孤兒。到旱田去，遇到叫宇魯崙的老人。老人看到兩個兄弟就說：「來，我教你倆做各種工作。」而把他倆帶到家去。

天亮了。老人說：「兄弟啊，去找能夠做棍子的木料來。」

兩個人出去找木料，老人就在家裡用手捻繩子。去找棍子木料的兄弟回來說：「爺爺，別家的人都開始開墾了。」

老人說：「不必講，別人家開始開墾了會怎麼樣。沒有關係，孩子啊，這次你們去找骨頭來！」

兩個人揹著負籠去撿了骨頭，回來說：「爺爺這些骨頭可以用嗎？」

老人說：「這些還不夠，再去撿多一點來。」

兩個人問：「爺爺，你捻繩子，要做甚麼？」

老人說：「沒有做甚麼，你們去找飄簞的種子來。」

兩個人又出去。這個時候，老人把繩子捻好了。兩個人回來，老人就說：「孩子啊，走，我們到旱田去。拿著木棍和骨頭，還有飄簞的

●美麗的排灣族少女。

種子也要拿去。」

到了旱田，老人說：「把木棍拿去豎立在地上。」

木棍在地上豎立好了，老人就把繩子綁在木棍上，在旱田周圍繞了一圈，說：「不知道會不會繞得順利？」其實，繩子繞轉得很順利了。

老人說：「來把骨頭和飄簞的種子埋起來。把骨頭埋在石垣上層，種子埋在石垣下層。」

兄弟一一照做了，然後回家。

不久，老人說：「我們的旱田怎麼樣呢，去看看。」兩個兄弟去巡視回來，老人問：「怎麼樣，情況怎麼樣？」

「爺爺，種子萌芽，土地裂開了。別人家的粟子已經成熟了。」

老人說：「成熟了又怎麼樣？沒有關係。」

三個人前往旱田，老人叫孩子們帶臼和杵去。到了旱田，老人說：「孩子們，去看看。如果看到呻吟著的，就帶回來。」

兩兄弟去，便看到先前埋下的骨頭，成長爲豬，種子成長一面的粟子了。他們就在旱田裡屠豬做餅。老人說：「你們去把成長的飄簞搬到小屋子裡去。」又把埋下的骨頭成長的豬，全部挖出來，然後，老人說：「孩子們，我們回家去，把瓢簞掛在頭上，豬要打屁股趕回去。」

回到家，老人說：「孩子啊，你們帶著豬腳和心臟，到別的地方去玩吧。」

兩個人就出去玩。人家看到他們兩兄弟就說：「喂！你們怎麼把烏鴉當做爺爺。」而取笑他倆（那個老人，其實就是烏鴉精化身的）。

兩個人回家告訴老人：「爺爺，人家都笑我倆把烏鴉當做爺爺。」老人說：「人家說了又怎麼樣，沒有關係。」

兩個人再去玩。人家又取笑說：「喂！把烏鴉當做爺爺的傻瓜。」兩兄弟回家又告訴老人：「別人都笑我倆把烏鴉當做爺爺。」老人說：「是嗎，怎麼樣，你倆會覺得羞恥嗎？」

「嗯，我們不喜歡人家笑……」

「那麼我回去好了。那些穀物和豬也都消失吧，這樣別人就不會取笑了。」

老人一變，呱呱叫著，邊吹口哨邊飛走了。

如此兩個兄弟恢復從前一樣，甚麼也沒有了。飢餓得哭了。兩個人還是想念著：「爺爺在的話，多麼高興。不必爲食物煩惱，多好。」

可是宇魯崙老人已經走了。

卑南族傳說

一、

（卑南社）

古早有兩個兄弟，晚上常去盜取阿美的甘蔗。盜取時仿傚山貓叫聲「咳夷克！咳夷克！」而去。「是甚麼敢來盜竊甘蔗？」，阿美人便在通路上撒布石灰，第二天察看石灰留有人的脚印。於是晚上聽到「咳夷克！咳夷克！」的聲音，就立刻跑去包圍，終於把兩兄弟的弟弟抓起來。阿美把他關在木柵裡，強迫他吃蟲或大便或蛇等骯髒的東西。

哥哥逃跑回家之後，爲了搶救弟弟，捻了絲線做長繩子，又做一隻大紙鳶，把紙鳶拿到卑南溪北去放。紙鳶繩子綁上石頭和小刀。哥哥看準弟弟做目標放紙鳶，紙鳶剛好飛到弟弟頭上來。弟弟抓住紙鳶，飛上半空，把小刀放下去，小刀丟落，正巧碰到懷孕的女人，把女人的肚子割破分成兩片。

哥哥在溪北，把弟弟放下來，弟弟的肚子膨脹得很大。因爲被強迫吃了很多髒東西，哥哥帶弟弟去泉水處，讓弟弟喝水，吐出好多髒的東西。兩兄弟就到祖母家，詳細報告祖母說：「祖母啊，我們想把阿美全部殺死，這該怎麼做?」祖母說:「這,可以把地上弄成一片黑暗,並發生大地震。」兄弟說:「假如這樣做,黑暗裏我們怎麼認清祖母家,請你在家周圍的簷上吊掛鈴子吧,我們就有目標了。」

●卑南族年輕的婦女們。

然後祖母面向東方,唸起咒文而拜,黑暗就從天降下,枯木薪材都看不見了,兄弟用手摸薪材,冰冷的是生的,不冷的是枯乾了的薪材。因此知道阿美還能採取薪材。兄弟說:「祖母

●盛裝的卑南族人。

啊！阿美他們還可以用手摸而過生活呢。」祖母說：「那麼給他們來一次大地震吧。」而開始拜東方，地震就發生了。兩個兄弟出去取薪材，聽了鈴聲就回到祖母家。大地震不分晝夜繼續發生了，因此家屋的柱子互為磨擦發熱，火焰燒起成災，阿美人都滅亡了。只剩下祖母家沒有火燒。

二、

古早有兩兄弟在建造少年營舍，禁止閒人走近工地，向大家說：「如果有人強要走近來，要殺死。」然而兄弟的父親說：「我必須去看孩子們，把少年營舍蓋得怎麼樣？」而走去工地。兩兄弟不知道來的人是父親，很生氣地把他打死了。看清楚才知道是父親。從此以後弟弟變成瘸子，怎麼醫也醫不好。有一次他拿竹竿來刺在地上。烏鶖飛來停在竹竿上，但不會說話。伯勞鳥也飛來停，卻鳴叫得很快，大家聽不懂是講甚麼？最後禿喀魯鳥〈褐色大鳥〉飛來停了，鳴叫著說：「禿喀魯、禿喀魯、禿喀魯、射殺小鹿，舉行波比俄祭。」兄弟知道了，便去捕捉小鹿來烤，並舉行波比俄祭。弟弟的脚終於醫好能伸直了。我們族人，建築房屋要舉行家祭，就是如此傳下來的。

三、

古早，我們這個土地，先有阿美族。有一次他們把竹杖刺在土地上，竹子就逐漸長大，變成有了卑南人。

然而有一天大家去狩獵，捕捉了鹿。他們就分配，阿美拿了心臟，我們卑南拿了肺臟。阿美說：「這個心臟太小，我們無法分配，來交換吧。」因此我們交換了。然後商量說：「我們現在把這些放入水裡，看哪一方會沈澱水裡，沈澱下去的就得到這塊土地。」商量決定了，雙方把東西放進水裡，心臟沈澱水裡，肺臟浮在水面，因而我們卑南就得到這塊土地了。

小故事

〔魯凱族傳說〕

（達拉馬勾社、麻卡社、特那社、毛投蘭社）

一、

布拉生了個女孩子。那是跟已故的巴魯克生的。這位巴魯克，到了神的那邊去，跟神結婚了。巴魯克告訴人說，你們去狩獵，到深山達爾巴林水池的地方，要吃熱飯，不要吃冷飯，因爲冷飯是人吃的。故人巴魯克也生了蛇和鷲的孩子。

二、

有個女孩，晚上睡，早上起來，出外去。說：「我要去採草冠。」

屋頂有檳榔粒，嚼了檳榔，就懷孕了。母親很生氣，「是誰的孩子？」「不知道，我沒有跟男人接觸過啊。」

孩子生出來了，身體上有蜻蜓珠裝飾。

太陽來說：「那是我的孩子。」

長男做特那社祖先，次男做麻卡社祖先。

三、

有人去旱田，帶孩子去。把孩子留在旱田茅屋裡去工作。小孩哭了。小孩的母親說：「我去帶孩子。」但是孩子不見了，孩子睡的地方留下一個安山岩。他的母親回到家哭了。

五個月後，孩子回來特那社，來到父母親的地方。母親說：「進屋子裡來。」父親說：「進屋子裡來。」但孩子說：「我不進去。」他有三位神在一起。

孩子拿出頸飾，給他的雙親說：「用這辦祭典，凶年或生病的時候，都要辦祭典。」又拿給雙親一個鐘說：「爲了遇到旱天，帶著這個吧，拿這個去祈雨吧。」講完就走了。

因爲他做神了，不再回來啦。

●日領前，不少人類學者把魯凱族劃歸爲排灣的亞族。

彩虹女

〈魯凱族傳說〉

（達拉馬勾社）

從前有一對叫達諾那巴（夫）和賴利馬（妻）的夫婦，生了叫毛阿卡凱的女孩。女孩在嬰兒的時候，就像彩虹懸掛在天空那麼美麗。丈夫達諾那巴是頭目身分，但妻賴利馬出身平民壯丁家。起初，父親和母親都疼愛毛阿卡凱，一刻都不願把她放在地上。有毛阿卡凱的地方都懸起彩虹，常拿最好的東西給她吃。他們的旱田周圍，種有香蕉和鳳梨，花以及各種各樣的東西。毛阿卡凱像抽絲一樣逐漸長大，而非常幸福。

到了十二、三歲的時候，毛阿卡凱到一個頭目家，叫可魯魯的人那兒去玩。從此兩個人便開始相愛了。不久，她的母親又生了一個叫毛得可度的女孩。這個女孩全身生疣贅，看起來很醜。而毛阿卡凱已經到結婚的年齡了。

有一天，她的父親約定可魯魯去狩獵。出發的時候，父親告訴妻子說：「小心照顧毛阿卡凱，不要讓她出去，還有不要講她討厭的話，我們去狩獵期間，好好照顧她。」

父親和可魯魯出門了之後，很奇怪，母親忽然感到毛阿卡凱很討厭，而只疼毛得可度。她把毛阿卡凱的衣類用具，都拿給毛得可度用。同時用抓鍋子的片斷布，或蓋鍋子的布，縫做衣服給毛阿卡凱穿。

毛阿卡凱只聽從母親的話，偷偷地哭，很思念她的父親。她想「父親和可魯魯在的話，就不會受到這種折磨。」而偷偷的哭。母親看到了，說：「妳哭甚麼？討厭鬼！這些衣服和所有的東西，都是毛得可度的……」毛阿卡凱聽了，也默默不講話。

母親做糰子，給毛得可度的糰子是肉餡，給毛阿卡凱的糰子是用蟑螂做餡。毛阿卡凱想要吃，把糰子剝開一看，是蟑螂的餡。毛阿卡凱說：「媽媽，我肚子很飽，不想吃。」母親說：「妳吃過甚麼，肚子很飽？怎麼亂吃東西？妳這個孤兒鬼。」毛阿卡凱只是默默不敢動。她想：「如果父親在的話，就不會受到這樣的虐待。」而哭。

過後，母親說：「每天早上，要去旱田看守香蕉和鳳梨以及花卉各種的東西。不能讓妳妹妹的東西，被人家盜去。」而給她穿著鍋子敷布或抓鍋子布片的衣服，帶著薯皮的便當，送去旱田。毛阿卡凱聽從母親的話，一點也不敢違背，很乖地去。無論風吹雨打，頭髮散亂，沒有衣服，眼睛紅腫了，身體有傷痕，染著血跡，也邊哭邊掛上彩虹，到旱田去燒火柴，哭著看管旱田，經常如此看管旱田是她不可避免的生活。

●魯凱族孔武有力的壯丁。

●採拾野菜回來的魯凱族人。

有一天，跟平常一樣看管著旱田，忽然聽到田邊發出沙沙的聲音。毛阿卡凱說：「咦，你是甚麼？不管甚麼都好，把我吃掉算了。早一點死去，會把一切苦惱發散掉。」而蹲在那兒哭。出現的是一隻熊，一直走過來，來到毛阿卡凱的身邊。然而，熊並不吃毛阿卡凱，也不加害她，不做甚麼。毛阿卡凱說：「把我殺死，吃掉我，我要把一切都忘掉，不願再受媽媽無理的虐待，伯父啊！」熊這才開口說：「我怎麼能殺害頭目家的人，姪女兒，我不會做那樣無意義的事。請妳不必煩惱。我揹著妳去我家好了。我們去吧。在我家，妳會幸福的，不會有困難。」但是毛阿卡凱不肯。她說：「伯父，你還是殺死我，我要忘掉痛苦的一切。」熊說：「妳怎麼會有這種念頭？姪女啊，請妳不要固執，我會受天罰而死喲，我揹著妳到我家去。不必煩惱，坐在我的背上也許會不舒服，拿布來墊在背上坐吧，我帶妳去。」

熊把毛阿卡凱揹上來。走了一段路，熊說：「姪女啊，妳閉上眼睛吧，這個地方也許妳會眩眼。」熊繼續揹著毛阿卡凱，走過懸崖的地方。那個地方很難走。熊叫一聲：「哦——伊！」猴子就出來幫他做下崖的抓頭兒，讓熊走下溪谷裡，走到有白石英的地方去。

熊說：「姪女啊，到了，下來洗個澡，換換衣服吧。」說完，熊便向石英板吹一口氣，門就自然開了。熊說：「毛阿卡凱的衣服出來

●魯凱族的整棟房屋呈長方型。（劉還月／攝影）

啊！」衣服就出來了。毛阿卡凱走進屋子裡，看屋子裡甚麼都有，一切很方便，很自由而且很幸福。熊說：「姪女啊，妳喜歡吃甚麼？妳喜歡吃的東西甚麼都有。有很多，你就拿來吃吧。還有，我們傭人的猴子，妳也要給牠粟子或其他的食物。」

父親的狩獵期已經滿了。父親回到部落的附近小坡上，看了自己的家。可是，他的家變舊了，也沒有懸掛著彩虹。父親嘆氣說：「這是怎麼回事？我的家怎麼變成這樣子？可魯魯喲，到底毛阿卡凱到哪兒去了呢？」

他們緊急跑回家，來到院子便喊著：「毛阿卡凱啊，快出來，來到這裡迎接我們啊。」但是沒有一點回音。

父親問妻子說：「賴利馬喲，毛阿卡凱到哪兒去啦？」妻子說：「到朋友家去玩了。」達諾那巴和可魯魯，連幾天來的疲勞也忘記了，立刻把揹著的網袋掛在門口的釘子，跑出去尋找毛阿卡凱。走遍部落社內也找不到她。問朋友，朋友說：「前幾天，還看到她到旱田去工作，但去了就沒有回來。」他問出母親所做的

●魯凱族對於門楣、木桶及祖先柱的雕飾最爲重視。(劉還月/攝影)

事情，便知道原因了。然後回到家，把自己的衣服用具整理了之後，對妻說：「如果毛阿卡凱沒有回來，這些獵物，妳就不能動手，不能放在地上。」

他們去旱田，看到毛阿卡凱燒過火的痕跡。父親說：「毛阿卡凱，妳到底去哪裡啊？」然後拿起弓箭，射向西方，再射北方，再射南方。但射出去的箭都飛回來了。最後向東方射去，箭就一直飛，飛到毛阿卡凱的地方去了。他們便跟著箭飛走的地方去找。

毛阿卡凱和熊的生活自由而幸福。有一天熊出門獵東西去了。出發的時候向毛阿卡凱說：「我要去狩獵。妳留在家裡，把門關好，預防會有敵人來。妳就在家裡刺繡吧。如果妳的父親來找妳，妳會聽到箭射中家屋的聲音，那就是妳父親的箭，妳就叫我們的傭人，猴子掛藤蔓做梯子，讓妳的父親下來。而他們來了，妳就拿這酒給他們喝。並把吊在那邊的餅和肉拿下來，請他們吃。還有，拿下檳榔和荖葉，請他們咬著，等我回來。夜晚我就回來。」說完，熊就出門去了。

毛阿卡凱正在刺繡的時候，聽到咻——一聲，箭飛來射中家屋了。她向門吹一口氣，門自然扇開了。她跑出外面，看到父親的箭，覺得很高興，又馬上聽到父親們在崖上喊叫著。她告訴猴子快速掛上藤蔓的梯子，讓父親們下來。父親們都很高興地說：「好，好，妳還活著，眞幸運。毛阿卡凱啊，妳怎麼來到這裡？在這裡做甚麼。母親怎麼虐待妳？」

毛阿卡凱把母親欺負她的一切告訴了父親。父親說：「母親爲甚麼會對待妳這樣子？到底是怎麼回事？」

毛阿卡凱請父親們進入屋子裡，依照熊所吩咐的，招待父親他們吃又喝。父親說：「嗯，妳們的生活並不錯，還很幸福啊！」

毛阿卡凱說：「請不要傷害熊伯父，如果你們要傷害牠，就先殺死我。」

父親知道事情經過的一切了。父親說：「毛阿卡凱啊，你暫時住在這裡吧。我們要回去一下，把衣服整理好，再回到這裡來接妳。」

父親們趕回母親住的地方，把掛在釘子上的衣服和網袋都拿下來，一點也不給母親。而說：

●魯凱族的家屋也有各種雕飾。

「賴利馬喲，快燒開水，我要煮肉。」

等到水燒開了。達諾那巴便把鍋子拿來，將開水潑到母親他們的臉上。母親他們吱吱吱吱叫著，說：「我要把你們的米、粟子、其他所有的食物都吃掉。」說著變成老鼠了，趕忙爬進石垣裡去。

父親們回到毛阿卡凱那邊。到了傍晚，熊叫著：「哇——」一聲，從狩獵回來了。「碰！」一聲，是把山豬放下地上的聲音。然後叫：「毛阿卡凱，請把門打開。」便進入屋子裡來。

熊看到父親們就說：「啊，歡迎歡迎，你們來得很好，很好。」大家便成為同一家族，快樂地生活起來。

有一天熊生病了。熊告訴毛阿卡凱說：「我快死了，我死了之後，請妳把我放入櫃子裡，掩上蓋子。還有在我的屍體周圍，放挾石灰的檳榔，等到應有的服喪期滿了，再打開蓋子看看。」說完，熊就眞的死去了。

之後，毛阿卡凱遵照熊的吩咐，把蓋子打開了。卻看到內面裝滿了頸飾盒子，有很多很多的頸飾。毛阿卡凱和可魯魯成為夫妻，生活很富裕；後來，可魯魯也當頭目了。

〈阿美族傳說〉

阿美族的起源

一、

古早，叫做卡克毛朗和宇來哈布的一對男女神，聽從父母神的命令，從天降到桃拉揚（三笠山）來。父母神說：「孩子啊！你們到地上去吧。去的時候，我把豬、鹿、鳶、伯勞鳥、還有我最喜歡的耶鳥給你們。不要害怕，你們不會死。假如叫做卡維魯和阿卡，到處流浪的惡神要欺負你們，也不要害怕，孩子啊，去吧！」「是！」。兩個神就這樣降到三笠山來。

孩子神到了地上，經過三年，叫做布拉特和娃娃南的兩個神來狩獵。那兩個不知從哪裡來的神，卻持有翅膀能飛。他們走牆外，經過卡克毛朗家屋簷下，看到柱子棚架有東西就問：「那是甚麼？」家人回答說：「那是鳥、伯勞鳥和耶鳥。」他倆回家，去告訴卡維魯和阿卡：「伯父，有個家柱子棚架上有三隻鳥，而且院子裡有花鹿、水鹿、豬，活潑地在慢步走。」卡維魯說：「這該怎麼辦。好吧，你們去交涉，說給我們一隻，不管是花鹿或豬，還有鳥，都要給一隻。」

他倆去卡克毛朗家，把卡維魯的話告訴他們。可是卡克毛朗和宇來哈布說：「那不行，誰會給你們。你們沒有受到父母神的允許，偷偷來到地上，是流浪者，藏身逃出來的，才得不到花鹿或豬，甚麼都沒有是當然的。我們的孩子去狩獵，鳶會向有規矩的孩子飛來。孩子們出門，運氣都很不錯。不管狩獵、捕魚、還有伯勞鳥吱吱啼鳴占卜，或在旱田種稻粟，都會獲得豐收。在我們的領土上，那些鳥、花鹿、豬都是重要的存在。就是這種原因，我們要給你們的，甚麼都沒有。」

聽了卡克毛朗的話，他倆很生氣，回去轉告卡維魯。卡維魯說：「他們眞的那麼吝嗇。好吧，我們去請教海鰻之母幫忙。」就向東方走去。鰻母叫哥遜、馬特拉。聽完卡維魯的控告說：「卡克毛朗和宇來哈布夫妻很吝嗇。」海鰻說：「那麼到滿月那天我們會去，去的時候發出『哽——、哽——』的聲音，你們聽到聲音，就逃到山上去避難。」到了滿月，眞的海鰻帶族群來了。布拉特和卡維魯他們就逃開了。然而，卡克毛朗夫妻聽到「哽——」的聲音，直感有危險，立刻喊孩子的名字「斯拉喲，那考啊！」可是孩子們到外面去玩，沒有回音。不得不把兩個孩子留下來，躲到天上去。

不久，在地上水湧起來了，正在玩的斯拉和那考兩兄妹說：「這到底是甚麼回事？」便跑回家去看，卻找不到父母親。兩個人很焦急，說：「我們該怎麼辦。無論如何，我倆一起坐上臼子吧。」坐在臼子的兩個孩子，就被海水流走了。過了一會兒，波浪和風靜了，終於飄流到基拉卡山來。

經過了幾年，斯拉和那考兄妹長大成人了，「我們沒有生孩子，有甚麼生存的意義呢。兄妹結婚雖是禁忌，但這是不得已的，我們用山羊皮穿孔吧。」他倆商量好，便用羊皮貼在下腹部，在局部的地方穿孔，隔著山羊皮完成了交媾。他們就生孩子了。頭胎生達邦•馬斯拉，再生篤買•馬斯拉，三胎是女孩達哈魯，其次是扎勞•巴那咳，還有那考•阿崙。

不多久，母親那考生病，病了很久。那時她覺得耳朵很癢，搔癢就挖出了粟子的種子出來。他們說：「我們來種植父母留下來的粟子。」他們把它種植，就發芽、長大、結實了。到了第二年，他們說：「要種粟子，我們應該向天

●阿美族爲典型的母系民族。

盛裝的阿美族少女。

上的卡克毛朗父母神報告，不然，神會取笑作祟，使我們生病也說不定。」

接近粟子播種期，斯拉夫婦對孩子說：「你們到天上去看我的父母親，請教『種粟子的方法』」。於是砍伐木材做梯子，讓孩子們爬梯子

阿美族的女子是土地與財產的繼承人。

昇天去。「你們還要問祖父母，阿濃祭典的舉行方法，怎麼祭拜，知道嗎？」父母說著，向孩子們搖手。

當使者的孩子們來到天上，祖父母卡克毛朗夫妻都很高興。孫子們說：「我們來請教粟子

播種，還有祭典的方法，社裡的人都不知道該怎麼做。」卡克毛朗他們說：「這不很困難，你們應該記得。第一天是巴哈奇（初日祭典），只在頭目家祭，社裡的人不必祭。此時要祈禱『初次播下粟和稻種子，要有水氣不枯萎，好成長到山西，請諸神保祐』，禱告完了祭拜。第二天是巴拉朗（道作祭典），那天晚上要酒宴，相量次日祭典順序，神也會參與酒宴得到諒解。再下一天要做筷子和裝筷子的籠子，而舉行里毛魯祭典，祈禱『粟子和稻米能像竹子般成長，人頭能自動走來給我們獵，水鹿、花鹿、山豬、山羊能從遠方自己跑來給我們抓，請諸神幫助』，禱告完了祭拜。晚上要押彎筷子，每一戶都要祭拜。再下一天巴布崙（初次播種祭），採取茅草嫩心和好枝幹葉子，祈禱『我的茅草啊，我們祭拜使粟子稻米成長，延伸到山西』，禱告完了祭拜。從第二天到第五天，舉行米道爾雷祭（播稻米種子祭）。五天過了舉行巴克龍（捕魚祭）。之後再舉行五天的巴基拉魯（乞晴天祭），祭完再舉行米娃娃勞祭，到大河川去祭拜，然後為粟子拔除不祥。」

卡克毛朗說：「如上述祭典都舉行了，再舉行巴拉散祭，之後青年都絕食。怕遇到恐怖的事，便讓青年們跳舞，那年就會豐收。」受到教示的使者，孩子們回到地上報告父母親，社裡的播種祭典，就開始照辦了。

粟子收穫期快到的時候，父母親又叫孩子們昇天去請教他們的祖父母，「祖父母啊，我們來的理由，不外就是要知道割粟子的祭典，要怎麼辦。」祖父說：「那不很困難。在割粟子當天要喊『這是巴哈奇祭啊，我們祭拜，不捕魚』這樣告訴神，之後舉行巴拉朗祭，是拿粟子和稻穀帶回家路上的祭拜。次日舉行米洛伊特祭開始割粟，要割五個粟穗，然後舉行米紹拉茲祭，搗成粒子的祭。收集粟子和稻穀，禱告『食物要吃不盡。別社的壞青年要吃，就像柿子或乾肉或基哈克樹那樣苦澀。自己吃時好吃又吃不盡』，唸完了祭拜。然後舉行馬特卡來祭，社裡每一家庭都要做年糕。第二天大家去割粟子，必須大家一起拜，公開祭拜是不吉利。其次舉行巴克龍祭的時候，社裡的人都要帶魚去二處的頭目家，由當組長階級高的兩位青年帶去。其次要舉行立毛魯祭，祭典時社裡的青年都要有魚吃，但必須小心，不要吃壞肚子。要依照上面所說的方法辦祭典」。天上的祖父母教示得很詳細。

使者降落地上告訴父母，社裡就按照方法舉辦割粟子祭。割粟子快結束的時候，父母親又叫孩子使者去請教天上的祖父母，怎麼舉行割粟子結束後的拔除儀式？祖父母告訴了使者說：「開始要舉行米沙毛祭，第二天舉行巴拉布祭，再舉行米沙洛可祭，然後晚上青年們要在廣場跳舞，老大人們在屋內跳舞。次日米那達姆祭也要跳舞，再次日舉行達拉俄魯祭，以祭品獻神。再次日是巴可毛魯祭，決定青年組長的祭典，要咬斷豬皮獻神。祭完，女主祭要做巴利安祭，把酒裝滿酒壺，放在頭上祈禱。禱告完了，社裡最年長的青年組長，要從祭主頭上，把酒壺拿下來，捧著酒壺走一圈，爲社裡青年的健康而做。次日要去狩獵，狩獵的儀式是要把獵獲物的頭，帶去給頭目，頭目用頭獻神。次日舉行米沙可洛祭，早餐要吃年糕。祭典的獵獲物，頭目和老大人要吃頭。早餐時舉行馬利泰彎祭，要招待頭目和老大人巡迴各家去吃。這種祭典爲了家畜飼養順利而必須要做。再次日舉行巴克龍祭，結束後經過四、五天就是米沙巴散祭，祭後去狩獵，必須如此做。」

孩子們回地上報告父母，萬事照樣做了。

又有一次，父親說：「現在社裡的人口如此增多了，我要巡視社裡，看看同胞們有沒有缺乏食物，有沒有互相幫助耕作。巡視時要有枴杖，孩子啊，替我去向祖父母要求給我一支枴杖。」孩子使者去了。祖父母就給了一支槍形的枴杖。從此人口一直增加，耕作地也擴大了。

二、

部族人口增加，耕種地也擴大了，農具卻不夠，不齊全。族人的祖先，父母對孩子說「我們原來動腦筋用石塊和木枝做鍬，現在都沒效率了。孩子啊，你們昇天去請求你們的祖父母，說我們需要平地人的鐵匠來做刀和鍬。」

孩子們就昇天去向祖父母卡克毛朗請求。卡克毛朗立刻到平地去找三位鐵匠來。孩子們就帶來了叫馬斯林、伊達達、勞娃奎三個鐵匠要回地上。勞娃奎問：「我們要走哪兒去？」使

●阿美族在每年八月月圓時舉辦豐年祭。
（劉還月／攝影）

者的孩子回答說：「我們要爬梯子下去，但是你們順著紙鳶的繩子下去吧。」就這樣，他們下降到地下的部落來。

社裡的人蓋房子迎接鐵匠，並輪流供給鐵匠伙食。但鐵匠工作一段時期，伙食變壞了，社人對待他們很冷淡。鐵匠們很生氣。勞娃奎裝瘋對社人說：「我們也不是軟弱的，不知道我們多厲害，你們這麼冷酷，我們就要離開這裡。」社人不相信。但過不了幾天早晨雞啼時，鐵匠們眞的逃跑了。社裡派扎勞巴那海等三個人，到東方和南方去找，卻找不到。到了西方才發現了足跡，在沙卡姆溪下流，有燒柴煮飯的痕跡。追的人爬上岩石，便看到鐵匠在對面河邊。「喂！兄弟啊，你們爲甚麼這樣子？我們出來尋找你們二個月了，你們的食物是甚麼？是米嗎？」鐵匠說：「沒錯，你們不必擔心。金巴拉鳥給我們帶來糙米，我們有食物也有肉。你們帶來的年糕自己吃吧。我們討厭你們那邊的陸地，要從這裡出發回家了，再見！」扎勞巴那海說：「噢！你們要出發，我們好不容易找到你們，你們的心怎麼啦？不過，兄弟啊，假如你們想念了舊情，就來玩。」雙方都搖著手，有點酸心了。

扎勞巴那海他們沒達成目的，就回到人仔山來。從此扎勞巴那海三個兄弟，跟母親那考和父親斯拉商量遷移居住的地方。結果末弟巴那海移去拉尤達魯，二哥特邁遷移西邊鳥漏，大哥達邦和父母親，移去洛合包又轉到宇克洛河去。不久因缺乏食物，從宇克洛河移去卡卡扎灣，又轉去台東北方的咯林，再轉北方的卡拉拉定居。在那兒父母親斯拉和那考死了。

他們兄弟之間，達邦生了孩子，叫做宇拉林和扎利布。達邦有意請弟弟巴那海來做伴一起住。巴那海起初不肯，說：「我這裡有肉有魚，容易獵到食物，不習慣別的地方。」達邦說：「你錯了，我那邊樹與樹一個隔間，就能收穫百束糯米，野獸圍在家的周圍散步，食物豐富得很，不騙你，去看就知道。」終於說服了巴那海，把他帶到卡拉拉來。

同那個時候，丹社裡有個叫朗布爾茲和那娃茲的盲人。卑南族的力厘社、達馬拉考社、扎洛哲社、拉拉買社四社族人，得到盲人的許可去燒他們獵場的山打獵。燒別人獵場的山，依例應繳獵物的頭付爲租金。但是四社的人卻用山鹿的脚腿欺騙而愚弄盲人。卑南族人回去之後，盲人用手摸，只摸到小鹿腿一支，才知道被騙了，很生氣地宣佈今後六年，不准燒山。

到了第七年，四社的人又去燒山。獲得的獵物卻被奇密社的人隱藏起來，不但如此，奇密社有個叫可蒙巴基的人，在別社人的通路埋伏，把回家的四社人全部殺死了。後面來的人，看到路邊有人被殺而吃驚，逃跑了。可蒙巴基追來說：「喂！咱們是兄弟，不要那麼生氣跑掉。今天的事，實在不得已，你們必須忍耐，從今天算起第六天，我們會去訪問你們村社。」到了第六天，可蒙巴基雖沒帶人來訪問，但是達馬拉考社、扎洛哲社、拉拉買社的人都很害怕，因爲過份恐怖，大家就決定遷移到別處去。

後來，可蒙巴基的奇密社人去卑南社，說：「我們約定的日子延後了，現在才來。」並送狗給沒有移走的卑南社人做禮物。卑南社人舉行酒宴款待，但用竹筒裝酒五支，計劃給他們喝醉了就要殺死。他們在飲酒的時候，一個女

●捕魚是阿美族特有的謀生技能。

人被奇密社的人看中了。可是那個女人帶著孩子，孩子帶著狗進來。狗開始互咬，因此裝酒的竹筒，被狗踢飛弄破了。卑南人說：「沒有酒了，你們還不致於死，你們運氣眞不錯，好吧，兄弟啊，把好東西瑪瑙珠送給你們做禮物。」奇密社人說：「兄弟啊，你們到我們社裏來，我們就把好東西鈴子送給你們做禮物。」

奇密社人回到村社，查看金飾帽子，卻找不到鈴子和瑪瑙珠。「怎麼辦，卑南人來了，沒有禮物給他們怎麼辦？」便移住到別的地方去了。卑南人來到奇密社人原住的地方，卻找不到人。他們走去東方，遠遠看到小孩們在遊玩。「一定在那邊。」他們就去捕捉了奇密社的孩子，帶回卑南社去。

從此經過三年。卑南人曾經來過奇密社，剛好奇密社的壯、青年都出去狩獵，只留一個跛脚的男人看家。卑南人來到集會所，問跛脚衰弱的老人說：「社裡的人怎麼啦？」老人說：「青年們都去狩獵，要外泊不回來。」又說：「你們卑南人把我們的孩子帶走了，畢竟欺負我們。」並向卑南人擲槍。卑南人說：「這不

●穿着日式服裝的阿美族婦女。

是尋常事，如果奇密社的有力者在場，不會放過我們吧。」而匆匆跑回去。

此後，奇密社人又遷移到基柏地方去。

卑南人在奇密社的領土山地，放火燒山狩獵了。而帶獵物的頭來奇密社繳租。可是奇密社的男人們都出去狩獵。留在家的女人們說：「不必帶頭來也可以。我們的孩子，看到水鹿的頭，害怕那個眼睛，因而死了。領地有甚麼用，不要帶獵物的頭來。」卑南人就高興地回去。

不久，狩獵的男人們都回來。聽了女人們說，卑南人帶頭來，把他們趕走的事情，男人們很生氣。「爲甚麼說那樣的話？」便立刻追逐卑南人去。他們追到達哈拉灣，就看到路上豎立著很多葦類葉結的波崙。終於追到卑南人，奇密社人就問：「你們豎立波崙要做甚麼？」卑南人說：「波崙就是我們管理的領地標誌。」奇密社人說：「兄弟啊，你們不該相信女人說的話，你們不是這領地的主人，領地原來就屬於我們的。」於是雙方就商量分開日子輪流去狩獵。後來，奇密社人去狩獵，在別的地方發現了一片好土地，便移居到那兒。就是現在的奇密社地。族人一直住在這裡。奇密社持有的領地，範圍廣及到玉里、公埔，都是奇密社的領土。

璞石閣（玉里舊名）的地名，是因卑南人拔除不祥的工具叫巴哈可，而訛音成地名的，還有大庄南方的地名，是因奇密社人原有的名字基哈克，才有基哈克的地名。

兄弟和公主

〔阿美族傳說〕

（奇密社）

兩兄弟去旱田工作，發現水鹿在汲水處澆水。他們回去拿槍，折回泉水處，水鹿還在。他們擲槍，卻沒有射中，水鹿跑了。

第二天早上，兄弟又去旱田工作。到了午餐時去汲水，又看到水鹿在泉水處澆水。他們回到木屋去拿槍，折回泉水處，水鹿還在澆水。他們擲槍就射中了，驚惶的水鹿逃跑，他們從後面追逐，跟著滴落的血跡追逐，卻找不到水鹿。他們繼續找，發現水鹿，但又被逃跑。他們又追，又發現了水鹿，又被逃跑，如此一直追逐，追到天黑了。他倆就找個適當的地方睡，睡到天亮，要再找，一看，水鹿卻睡在他們的旁邊。奇怪，他們睡，水鹿也睡，他們追，水鹿就逃跑。如此他們一直追，追到溪谷邊，忽而看不見水鹿的行蹤了。

他倆看到溪水有堵塞的地方，便想：「在這溪谷上，一定有人住。」於是沿著溪谷攀到上流去，在溪流邊有一棟小木屋。木屋裡有一位老婦人在工作。「阿婆，有沒有看見水鹿走過這裡？」他們問。老婦人反問：「什麼事？」「有沒有看見一隻水鹿經過這兒？」「沒有啊，朋友。」老婦人勸他倆說：「你們不應該到這裡來,你們在這裡不走,不久就會死。」「爲什麼？我們爲什麼會死呢？」倆人急著追問老婦人。「爲甚麼？看我正在做年糕，這是爲了要給即將來吃我的卡魯窖怪物吃的東西。」兄弟倆很驚駭。老婦人說：「在此以前，我的孩子被吃了，幾天前我的丈夫也被吃了，只剩下我一個人。」兩個兄弟都說：「那麼阿婆，請妳趕快把年糕做好，做成大圓型年糕。」年糕做好，就把它放在屋簷下。此時，兩個兄弟好像很飢餓似地，把年糕拿起來咬了一點，留下咬過的齒痕，再把它放回去。然後向老婦人說：「阿婆，請妳躲在我們的後面。」他們都躲藏在屋子裡。

不久，聽到卡沙卡沙的脚踏樹葉聲音。老婦人囁嚅著：「啊，卡魯窖怪物來了。」「哦！眞的來了。」好多卡魯窖來到小屋前。說熊不像熊，說猴子不像猴子。也不像人的怪物，看到年糕有人咬過的齒痕，很生氣地說：「是誰咬過年糕？眞不識時務的傢伙。既然如此，我要先吃老女的肉，然後再吃年糕。」弟弟模倣老婦人的聲音說：「來啊，來抓啊，我在這裡。」

卡魯窖怪物把手伸入牆裡，要抓老婦人。弟弟卻握緊卡魯窖伸進來的手臂，用力拉了一下，手臂就斷了。卡魯窖吃驚地說：「這裡的老人，不應該有這麼大的力量，眞厲害，看起來我們敵不過他。」

●阿美族的陶製品相當著名。（陳正雄／收藏）

●阿美族男子必須接受嚴格的體格、戰鬥與捕魚訓練。（劉還月／攝影）

卡魯窄一起拍達拍達慌張地跑掉了。兩個兄弟跟著跳出屋外追逐。卡魯窄怪物卻跑得無影無蹤了。仔細查看卡魯窄逃走的足跡，才知道他們是跳樹上逃走的。倆兄弟跟著血跡追逐到溪谷邊，竟看到一位美女在那兒洗衣服。他們問：「妳在這裡做甚麼？」美女說：「我在這裡洗卡魯窄的衣服，我不是住在這種地方的人，我是被卡魯窄抓來的。卡魯窄去打獵回來，

●阿美族豐年祭，全族人盛裝，手攜手邊歌邊舞。（劉還月／攝影）

就要我洗他們的衣服。」他倆看那衣服上染有血跡。於是問美女：「卡魯窄住在甚麼地方？」「住在那邊岩壁屋子裡，目前正在睡覺。」弟弟說：「那麼，我去殺死他們。」女人說：「不行，不要去。你去一定會被他們殺死的。」可是弟弟不聽女人的忠告，奮然跑去了。跑到岩壁屋子的地方，那是深又大的岩洞。弟弟躡躅走入洞裡，一看，卡魯窄一群怪物，都睡得很熟。

屋子裡滾落著很多人的脚，頭骸和肋骨。「果然不錯，這些傢伙都是吃人的怪物。」他把插在腰部的長刀抽出來，只是把刀從刀鞘抽出來一揮，卡魯窄的頭便離開了身軀，手脚身體也都七零八落了。他把刀插回刀鞘，奇怪，妖怪們的身體就恢復原狀。又把長刀抽出刀鞘，卡魯窄的頭又斷落，身體也七零八落，把刀插回刀鞘，又恢復原狀。把刀抽出，插回刀鞘做了三次，卡魯窄的身體也跟著七零八落三次，又恢復原狀。於是再一次抽出了刀，這一次不把刀插回刀鞘，卡魯窄的身體七零八落，無法恢復原狀，便這樣都死了。

弟弟走回先前美女洗衣的地方。可是跟美女留在溪邊的哥哥，還有美女兩個已經不在那兒，看不到人影。弟弟不得不沿著溪流，走到先前老婦人住的小木屋。問老婦人：「阿婆，有沒有看到我的哥哥和一位女人來過？」「有啊，剛才來過這裡，哥哥扶著女人走了。」「阿婆，請妳放心，我已經把卡魯窄他們一群吃人妖怪殺死了，他們不會再來擾妳了。」老婦人很高興，弟弟便依照原來的路，走回家。

先回到家的哥哥和美女，美女說：「我的身份不是平民，你帶我回去王宮吧，見我父王。」哥哥救回公主來到王宮，很得意地向王說：「我把公主救回來了。被卡魯窄妖怪抓去深山裡做苦工的公主，我把她帶回來了。」大王很高興，便宣佈說：「你有勇氣救回公主，就讓你倆做夫妻吧。」這個消息傳到了所有的地方。弟弟也聽到了消息，便來到王宮，向大王說：「我和哥哥，事先不知道她是公主。公主被卡魯窄抓去深山裡洗衣服，被我們發現了。卡魯窄妖怪很多，在岩壁屋子裡，我進去斬他們頭，把身體斬成七零八落，都死了。公主才能無事回來。」大王聽了弟弟的話，召來哥哥和公主，查詢了結果，沒有錯，知道弟弟勇敢的事蹟，立刻改變了旨意：「你才是眞正娶我的公主做妻子的勇士，讓哥哥做你的僕人。」於是，定期舉行結婚大典，弟弟從此坐在大王旁邊，大王駕崩之後，由弟弟繼位做大王了。

〔附註〕阿美族蓮卡砦社也有類似的傳說。謂父親叫弟弟去採薪材。弟弟在深山聽到有人在哭，就把那個女孩救回家。因女孩是公主，帶去見皇帝。皇帝命令兩兄弟去討伐擄公主的妖怪。哥哥看到妖怪很害怕，弟弟把妖怪斬成碎片。哥哥拾到公主的梳子，拿去見皇帝請功。皇帝追求眞正斬殺妖怪的人，察看兄弟所帶的刀，便知道弟弟才是眞正的英雄，讓公主嫁給弟弟，卻把說謊的哥哥活活燒死了。

兄弟星星

〔阿美族傳說〕

（奇密社）

有一次查勞克等去採薪柴。查勞克口渴了，叫宇通和里那麥兩個孩子去水源地汲水。可是父親查勞克，爲了訓育兩個孩子，先抄近路去水源地，把水弄濁了，又先跑回來。等了兩個孩子回來便問：「你倆兄弟去汲水，結果怎麼樣？」兩個孩子說：「父親啊。那些水被弄濁了，我們才無法早一點汲水回來。」父親查勞克說：「無論如何，你們要磨亮自己的刀和槍，你們要悄悄的走過去，發覺了弄髒水的壞人，就用槍刺，用刀斬，把壞人的頭砍下來。」兄弟都知道了，說聲：「是！」而走開。

下一次，兄弟來水源，就發現有人在水源搔水，把水弄濁。他倆便無聲無息，很快走近去，從左右雙邊用槍刺殺他，他連回頭的瞬間都沒有就倒下。兄弟倆又很快把他的頭砍下來。然而，把頭拿起來一看，那個人卻是他們的父親。兩兄弟哭哭啼啼回家告訴母親說：「媽媽，我們砍了頭。」母親看了，是他們的父親，於是說：「你們的父親教你們砍頭，你們就那麼喜歡砍人家的頭，連自己父親的頭都砍下來了。你們就去獵人頭吧，獵來排成草蓆二張那麼多的頭吧。」

兩兄弟決定要去獵人頭，便先斷食了五天。便他們說：「兄弟啊！我們已經有能力了。」便從高高的山坡把石頭滾轉下來，試著跟岩石賽跑。可是還比不上岩石滾轉得快，說：「我們還沒有獵人頭的資格。」而繼續斷食。然後又跟山坡滾轉的岩石賽跑。實際上兄弟贏了，便說：「我們已經有能力了，來做羅網吧。」兄弟倆做了一個包石頭，可以壓潰敵人的大羅網，又去射殺水鹿，把水鹿的血裝入水鹿的膀胱。

準備好，他倆便出發去獵人頭。到別人的社區打戰去。倆兄弟向社區打鎗，社區的人驚嚇說：「敵人來了，大事發生了。」全社的人都跑出來看，但只看到兩兄弟，沒甚麼了不起。社裡的勇士們，就邊打槍邊追逐兄弟。兄弟逃跑，此時兄弟把帶來裝在膀胱的血，在路上邊滴邊跑。跑到高處，就互相扶持著，有時揹起來走，假裝受傷的樣子。到了敵人看不見的低凹處，就競爭拼命地跑。跑到先前施好在樹上掛有羅網的狹窄彎路，就把水鹿的血潑在周圍。追逐過來的敵人剛好到兄弟掛上羅網的地方，察看血跡，巡視周圍一周，知道血跡到此爲終點，說：「我們在這裡搜查。」所有敵人都來到羅網範圍內要搜查時，兄弟看準了時候，砍斷了綁著羅網的籐繩子，羅網便墜落下來，對敵的勇士們都被壓死了。

兄弟倆就開始斬敵人的頭。哥哥的斬頭台是石頭，每一斬，刀刃就缺口，無法斬得快。弟弟的斬頭台是木頭，所以刀刃不缺口，斬得很快。後來弟弟幫忙哥哥，才把所有的頭斬完。

兄弟去拿扛人頭的擔子。哥哥採取達洛布樹做擔子，樹枝脆弱，很快就斷了。弟弟聽了鳥的啼聲，鳴叫「達久拉勞。達久拉勞」。事實在那兒就有達久拉勞的樹，弟弟把它採來做擔子。哥哥說：「我的擔子斷了，你的擔子是那裡採的，怎麼不會斷？」弟弟說：「你聽聽看，鳥鶖不是鳴叫著『達久拉勞,達久拉勞』嗎？」你就去採達久拉勞的擔子，兩個人才收集了人頭，回到母親家去。

「媽媽、媽媽，把草蓆披開，我們獵人頭回來了。」兩兄弟很得意地告訴母親。可是母親

●豐年祭寓有答謝神靈與慶祝豐收之意。

●施行巫術必有一定的法物，如茅、菖蒲根、生水、檳榔等。（劉還月／攝影）

說：「人頭有甚麼用，我討厭那樣東西。」而非常生氣。兄弟說：「母親爲甚麼那樣不高興？我們到別的地方去娶妻子吧。」便離家而去。

到達一個地方，兄弟倆去採橘子。哥哥說：「這邊成熟的橘子是我的。」就採下橘子，把皮剝開。橘子裡有個成熟的女人，女人的聲音像老婆那麼嘶啞。女人便做了哥哥的妻子。弟弟的橘子是青澀的，把皮剝開，從橘子出來的是年輕的美女，成爲弟弟的妻子。

兩兄弟說：「我倆都有妻子了，回去媽媽家給媽媽看。」可是他倆眞的回到母親家，母親並不高興。因爲母親另有新歡，反而生氣地說：「你們兩兄弟在這有甚麼用，兩個人都出去做流浪漢好了。」兄弟想一想說：「媽媽，這眞是不得已，妳就看看站在門口的我們吧。」於是兄弟把鳥翅膀戴在頭上，佩上有七星花紋帶子的刀，走出院子：「媽媽，既然妳的心如此狠，我們也不得已，妳看站在院子裡的我們吧，今後要在晴天的晚上，妳才能看到在天上的我們。」兩兄弟就雙脚跳高，碰一聲，雙脚踏進大地。又跳上，碰一聲，脚踝埋入土地。再跳，再碰，用力一踏，脛部埋入土地裡。最後跳高，用力再碰，全身都埋入土地裡，看不見了。母親哭著看兩兄弟消失了。經過五天後，母親走出屋外看天，天上有里那麥和宇通兩顆星星，在點點群星裡特別亮著。母親只有哭泣而已。

現在有里那麥星和宇通星，就是兩兄弟變的星星。

仇怨

〔阿美族傳說〕

一、

（奇密社）

有一次太巴朗人殺死卑南人。卑南人要求太巴朗人賠償人命，說：「我們要斬太巴朗人的頭。」奇密人卻袒護太巴朗人，在幽幽溪蓋小屋的趙逸和拉毛谷兩個組長，即派屬下去偵察卑南人的動靜。

卑南人他們來到趙逸他們的小屋，說：「我們要向太巴朗賠償被殺死的人頭。」趙逸他們告訴卑南人：「兄弟啊，你們現在不要去，必須等待時機到來。」卑南人就聽話了。

此時趙逸他倆的部下帶狗去奇密社拿便當，雖然距離很遠，但是他們跑得很快，狗卻追趕不上，便拖著狗跑，使狗皮擦破了。而他們拿回來的便當還很溫暖。他們的快跑，使卑南人很驚訝。

然後他們又跟卑南人去打獵。趙逸命令兩個部下跑上懸崖去。他倆拚命地跑，飛跳崖上。卑南人跟著跑，卻停在崖下跳不上去。卑南人說：「咦！奇密社的青年是鳥。」而很驚訝。趙逸和拉毛谷說：「奇密社的青年跑得還比不上太巴朗的青年，太巴朗青年才眞正是鳥，會飛，你們想要求賠償，怎能成功，還是要等。」那天去狩獵，奇密青年抓到血氣旺盛的花鹿，獵物共有三十隻。卑南社青年說：「奇密青年確實像鳥。」奇密社人引誘卑南人去打獵，是爲了要阻止卑南人向太巴朗人報仇的關係，卑南人暫時回自己的社去了。

過了不久，卑南人又來到趙逸他們的小屋，說：「爲了要殺太巴朗人而來。」趙逸偷偷向拉毛谷授計，命令部下欺騙卑南人帶去太巴朗。卻暗中在卑南人回頭的路上，栽植了削尖

●阿美族的巫師。

●一般稍有社會地位的人或長老皆可施行普通巫術。

的竹枝。卑南人來到達拔北方，趙逸和拉毛谷，戴著蓪草葉帽子埋伏在草叢裡。趙逸他們的部下便大聲喊著：「看看，敵人埋伏在那兒。」使卑南人大吃一驚，慌忙折回去，走回到栽著竹枝的地方，趙逸的部下們都飛跳竹枝上面，但卑南人飛越不過去，好多被竹枝刺傷或死了。趙逸他們便說：「兄弟，我不是早告訴過你了嗎，不該勉強去碰太巴朗人，他們太厲害啦。」卑南人就回去了。

當事人太巴朗卻不知道卑南人有過這種遭遇。這些都是奇密社人趙逸和拉毛谷，爲了袒護太巴朗人而做的。

二、

有個叫做卡里麥的強人，去山上採籐，不把籐葉和尖刺取掉，連籐一起拖回家。路中看到小孩子就說：「退後，退後。」但小孩子來不及躲開，就被籐纏在葉刺中，拖到家裡來。等到他解開籐束，才發覺把孩子當做籐拖回來，孩子已經死了。他非常驚訝，卻救不活，就把他埋了。

有一次他召集社裏的人，聚集在集會所。社裡的人囉囉嗦嗦很不高興。總是商量之後，大家去海岸打獵。在海岸趁機把卡里麥推落海裏去。卡里麥從崖上丟落，卻站在海邊，魚來就用手抓起來丟，被丟的魚都死了。大一點的魚來，也抓起來丟，被丟的魚越來越多，而都死了，死魚疊積的很高。然後鯨魚來了，卡里麥要去抓牠，可是，反被鯨魚吸進肚子裏而死了。

三、

布達帖斯的妻子巴烈帖斯有別的男人做情夫。布達帖斯問他們的孩子，「你母親的姦夫是哪一個人？」他把孩子扛在肩上，到外面去，遇到男人就問：「是不是那個人？」孩子說：「不是。」有一天發現了那個人，孩子告訴父親說：「就是他！」然後，布達帖斯便拿刀去殺了妻的姦夫。

可是，被布達帖斯殺死的人，他兄弟要來報仇，從此社裏的人便開始互相殺害，很多人因而死了。都是因爲布達帖斯殺死了妻的姦夫而起因的。古早就有傳言：「不能做那種通姦的羞事，有了姦婦就會開始相殺。」

〔阿美族傳說〕

飛人馬維魯

（奇密社）

古早達基利地方，有個叫馬維魯的人，是無法當組長（幹部）的平民。他知道在達基利永遠無法當組長，便遷移到多米納地方去住。無法當組長就是他遷移的正當理由。

來到多米納，馬維魯就開始飛。他是在肘和脚掛上鳥翅膀而飛起的。成爲能飛的人。

達基利人聽到馬維魯成爲飛人的消息，便想：「如果能夠把馬維魯帶回來達基利多好。他能飛，我們可以跟他一起組織青年隊。」他

●阿美族奇密社有一個飛人名叫馬維魯的傳說。

●卑南族設有少年會所制度。（劉還月／攝影）

們就派人到多米納去跟馬維魯談判。

馬維魯回答說：「不，我不回去。因爲我是集會所院子裡的小人物。達基利社族人絕不會讓我當組長。現在要求我回去，是甚麼意思？」

馬維魯把話說完，叫他的情婦煮做年糕的飯。煮好，只做一個圓型大年糕。馬維魯在大家面前對情婦說：「我來呑年糕看看，如果能像平常一樣成功，我就知道我的神還在守護我。」他一吞，確實大年糕就從他的脚後跟跳出來了。達基利人聽過馬維魯的話，又看他的魔術成功，嚇了一跳，就回去了。

馬維魯說：「他們達基利人，必會坐船回去。我要追逐他們。」說完，馬維魯在他的肘和脚綁上翅膀，把酒杯貼脚底。翅膀是他要飛的工具，酒杯是他渡海時浮在水面滑的工具，他立刻飛去追逐達基利人的船。追到船，就用鑿子鑽孔，被鑽孔的船進水沈沒了，因此，別的船都爭先恐後拚命地划跑了。達基利人害怕馬維魯，馬維魯終於成爲卡烈灣的祖先。老人們都會說：「卡烈灣的人，現在也很會操船。」

卑南人也聽過「馬維魯會飛」的故事。有一次卑南人被招待到馬維魯的多米納社去。馬維魯叫他的情婦煮做年糕的飯。他的情婦就煮飯，做好一個圓型大年糕。馬維魯表演給卑南人看，把大年糕吞了，年糕就從他的脚跟跳出來了。

不多久，卑南人聚集到集會所來。馬維魯的家在集會所隔壁。馬維魯事先在家裡整理，準備裝束。他的帽子是熊皮做的，衣服和禮服用

●卑南族是台灣原住民中最崇尚武力的一族。

的褲子也是熊皮做的。卑南人很驚訝。看馬維魯家的帽子、衣褲，也有豹皮做的。卑南人對馬維魯的住家非常讚嘆。馬維魯換了三次衣服，可是第三次他穿出來的衣服是麻製的，襤褸不堪。於是卑南人說：「馬維魯眞會惡作劇。」而從馬維魯家紛紛逃跑。

多米納的年輕女人去旱田，回家路上遇到卑南人。因女人帶著瑪瑙的頭飾，被卑南人發現了，便把年輕女人的頭斬下來。消息傳到馬維魯那兒，馬維魯說：「卑南人爲甚麼要斬年輕女人的頭？」馬維魯很生氣，拿翅膀綁在肘和脚上，就飛去卑南社。斬了卑南年輕女人的頭。卑南人大亂，說：「大災難落到頭上來了。」人人都害怕馬維魯。從此馬維魯時常斬了卑南人的頭。

「必須想出對策。」卑南人恐慌地集在一起商量，之後繞著社區的周圍築起竹垣，預防馬維魯進來。可是馬維魯不照他們的猜測走地面，每次掛上翅膀飛起牆垣上方，進入社區就捕捉卑南青年。

卑南青年被馬維魯殺死了。卑南人仔細地研究觀察馬維魯的行動：「到底走甚麼地方過來的？沒有走地面的痕跡。」他們發現馬維魯在牆垣的莿竹上，留下了血跡。「噢！馬維魯是從這兒跳過來的。」於是卑南人在馬維魯的通路上，豎立了削尖銳利的竹子。

馬維魯沒有想到自己飛行的路有了變化，也沒有發覺卑南人已經在他要走的路上豎立竹子刺尖。終於被卑南人的竹枝刺傷了。脾臟從破裂的腹部溢出來，當場死亡。

多米納社的人說：「馬維魯死了，從今以後，我們要怎麼辦？」結果，遷移到七脚川的舊地去。他們害怕卑南人來襲報仇。馬維魯還活著的話，他們是不必遷移的。在七脚川沒有頭目，因此，伊凡爾和阿多特，做了他們的頭目。

現在，長老們都說：「不要仿做馬維魯的心，好妒好鬥，致使社區的族人不得安寧，又不得不遷移，老幼和年輕女人都很可憐。馬維魯是最好的例子。」

盲目的寡婦

〔阿美族傳說〕

（太巴塱社）

古早，有位盲目的寡婦，名叫奧沙布，跟孫女兩個人住在一起，靠領地的收入生活。有一次遇到慣例要燒山，社裡的青年們集合商量，說：「我們去燒那個盲目的老女的領地。」青年們就去把這件事告訴老女。老女哀求似地說：「不要，青年們啊，你們不要那樣做，你們應該知道我的生活多麼辛苦。我只依靠領地生活，而領地的收穫物沒有多少。我的生活確實如此。」然而，「伯母啊」，青年們親切地反覆說同樣的要求，一點都不讓步。終於老女也沒辦法，說：「你們那麼堅持，那麼就去吧。」青年們高興又得意地說：「我們要去了，伯母啊，等我們回家。」

青年們去燒領地，捕捉了領地內很多水鹿、花鹿、山豬各種獵物回來。他們把獵物的頭帶到領地的老女的家。把獵物的頭獻給領地主人，是社裡的習慣和規矩。青年們說：「伯母啊，我們帶獵物的頭來了，拿容器來裝吧。」老女把草蓆敷在院子。然後，聽到青年們把好幾個頭放在草蓆上的聲音。盲目的老女從聲音察覺，院子裡的草蓆上一定排滿了各種獵物的

●卑南族最特殊的祭典爲「猴祭」。

●「猴祭」爲慶祝新年的祭典。(黃廣祥/攝影)

頭。青年們說：「伯母啊，再見。」就回去了。青年們走了之後，老女叫孫女去點那些野獸的頭。可是孫女說：「祖母啊，這裡草蓆上只有一個，是小鹿的頭。」老女說：「我看看。」她用手去摸，只摸到一個軟軟雜亂的小鹿的頭。老女才瞭解青年們在草蓆上，發出碰碰碰的聲音，是用一個頭放下地面幾次做出聲音，欺騙盲目的老女，感到悲傷。

老女自言自語說：「為甚麼要欺負這樣可憐的弱者，提起要燒我的領地的人，是誰啊？」於是，老女開始絕食，向祖先和天地的神祈禱。不久，旱魃繼續了三個月，這個社區的河川和水井都乾涸了，農作物也枯萎了。只有老女家裡，放水甕的地方，湧出了細細的水。

社裡的人說：「伯母啊，為甚麼只有你的地方，水不乾涸？我們都沒有水，快要渴死了。」社裡的人都到老女的院子來商量。老女和孫女在院子周圍排起石頭，讓青年們坐。老女口裡唸咒語說：「青年們啊，聽我說，你們是為了水而哭，可比……可比特，有禍來。」不一會兒，風開始吹，同時下起大雨了，青年們想要逃避，屁股卻黏住石頭站不起來。暴風雨繼續颳到第二天早晨，青年們一直坐在院子裡淋雨。老女對孫女說：「孫女啊，出去看看那些青年們。」孫女說：「祖母啊，他們都坐著不動，眼睛都開始翻白了。」

老女出去外面祈禱，風雨就停了。老女為青年們袚除，青年們就能夠站起來了。此時老女說：「你們遇到這種事，感想如何？如果，你們不欺負我，就不會遇到這種事，不是嗎？」從此以後，這個社裡的人，都沒有人會欺負可憐的弱者了。

沙瓦及其他

〔阿美族傳說〕

（太巴朗社）

一、沙瓦

女人坡刻帶孩子沙瓦到伊那巴地方去工作，把沙瓦留在耕作小屋裡。剛好卑南社有一群人經過那兒。坡刻忽而想到小屋裡的孩子，去找，沙瓦卻不在了。小屋周圍也找不到。她想「或許我的孩子被卑南人擄走了。」就跑回家。

沙瓦的哥哥卡里木洛，把這件事記在心裡，他決心有一天要去卑南社，找妹妹回來。他便開始鍛鍊身體，經過了一段時間，卡里木洛想，自己的身體已經很健壯，可以跑得很快。因而就出發去找尋妹妹。一路來到拉拉克斯，卡里木洛向拉拉克斯人馬威特說：「因爲我的妹妹被卑南人擄去，我要去找。」馬威特同情他，就答應他一起去卑南社找尋。

到了卑南社，幸有神助，很快找到了妹妹沙瓦，卡里木洛問她：「妳叫甚麼名字？」剛好是她一個人在家，沙瓦說：「我叫歪歪。」「不，妳不是歪歪，妳是我的妹妹沙瓦。」沙瓦說：「父母曾經告訴我，說我是太巴朗出身，現在我知道這是事實的啦。」卡里木洛說：「沒錯，

●清咸豐元年，才有福建人鄭尚，率族入墾東南。

●卑南社人雖採漢人耕作方法，却仍奉行原始的農耕禮儀與禁忌。

妳確實是太巴朗人，我的眞妹妹沙瓦。這裡卑南社人甚麼時候舉行祭典，妳知道嗎？」沙瓦說：「剛月亮滿圓時候舉行祭典。」「好，就在祭典的時候，我們會來帶妳回去，那天祭典，妳要把所有的衣服穿在身上，而在青年們跳舞的時候，出去巡迴斟酒。」「是，我就照你說的做。」約好，卡里木洛他們就走了。

終於月圓了，卡里木洛來向馬威特說：「請你幫忙我去帶妹妹回家。」就出發，來到卑南社，吃點心，等到傍晚時刻，馬威特爬上刺竹的枝梢，卡里木洛躲在刺竹根處。馬威特穿紅色衣服，在竹梢上搖來搖去，服飾也跟著搖晃而垂到地上，看來十分神祕。

卑南社的青年們以爲馬威特是神現身了的，說：「我們的馬拉道神，已經攀登刺竹上等著我們，趕快跳舞啊。」於是在跳舞的當中，沙瓦便拿酒轉迴向大家斟酒。來到刺竹下面，馬威特湊巧抓住沙瓦，把她拉上去。卑南青年說：「馬拉道神把我們的歪歪抓去了。」而全社的人都只是茫然看著。

等到馬威特他們走遠了之後，卑南人才經過調查，才察覺是馬威特穿了紅衣服，以爲是馬拉道神，其實是馬威特假裝的，被欺騙了，說：「我們要把馬威特殺掉。」

卑南青年就到拉拉克斯去出草，斬了拉拉克斯人一個頭。馬威特說：「卑南社人有甚麼理由來出草，我們也去卑南社出草報復。」就去斬了兩個頭回來。卑南人說：「馬威特來殺我們二個社人，我們去拉拉克斯殺三個吧。」就去斬了三個頭。馬威特說：「他們來殺我們三個人，我們去殺六個卑南人吧。」就出草去斬了卑南人六個頭。卑南人說：「馬威特來殺我們社人，究竟是經過哪兒來的，應該查一查。」他們查到馬威特跳過檳榔樹梢來，看檳榔染了很多的血跡。他們便在檳榔樹根處裝置自動弓箭。這使馬威特再下一次來出草，終於被安裝的弓箭射中，而死了。

卑南人說：「馬威特死了，我們去把拉拉克斯人殺光。」這一消息傳到拉拉克斯。拉拉克斯的組長通知青年們，說：「如果卑南人來襲，我們不要害怕而逃跑，用散里巴達〈不容易拔掉的草〉綁脚，勇敢打仗。」眞的卑南人來的時候，拉拉克斯的青年們用散里巴達草，把腳綁起來了。他們的脚被綁著，要跳出去勇敢打戰也不行，要逃也逃不掉，終於全被卑南人殺死了。不會戰略又不聰明的組長，害死了全社人。

二、戰爭

太巴朗和馬太鞍的青年在溪川一起捕魚的時候，不知何故，太巴朗人的叉手網柄，被馬太鞍人用刀斬斷了。「爲甚麼這樣做？」雙方便開始爭吵。太巴朗的青年回家把這件事告訴長老，長老說：「馬太鞍怎麼做那種事？他們的土鍋子是我們賣給他們才有，馬太鞍的做法，使我們沒有理由再賣給他們土鍋子啦。」而馬太鞍這邊說：「我們和太巴朗感情破裂了，以後不能再進入太巴朗買土鍋子了。」馬太鞍從太巴朗買來的土鍋子，在二年之間全都壞掉了。馬太鞍試著用瓢或用竹筒做爲土鍋子的代用，但徒勞無功，放在火上就被燒掉了。試驗失敗，馬太鞍就把甘藷、青芋等不用煮，改用火燒，這樣甘藷和芋都染灰了，無法得到好吃的東西。後來太巴朗頭目可憐了馬太鞍沒有土鍋子，派使者去講和，解決了事情。

然而不久馬太鞍又傲慢起來，主張他們的地界，延伸到太巴朗的耕作地來。對馬太鞍的態度，太巴朗人說：「竟敢做這種不講理的事，馬太鞍這是甚麼作風？」太巴朗和馬太鞍的青年開始毆鬥，爭取水權，雙方遂失和了四年。太巴朗有兩個人被馬太鞍人斬頭死了，太巴朗說：「馬太鞍這是甚麼作風？」就開始鎗鬥，兩個社之間失和又繼續了九年。

後來，由於大港口的人出來做和事佬。「你們太巴朗和馬太鞍的感情失和，應該結束。」太巴朗和馬太鞍都說：「我們沒有繼續失和的理由，結束雙方的失和，這是我們的想法。」事情才解決，開始能夠來往了。

三、兩個眼睛

奧雅特自從誕生就有兩個眼睛，一個眼睛在頭前，一個在頭後面。走路時，前後的東西都可以看得見。如果頭前的眼睛看到敵人，他就往後跑，頭後的眼睛看到敵人，就往前面跑。

因此，奧雅特從來沒有被敵人殺過了。

四、禱告

哦！您們，我們的祖先們啊，可毛特伯父、沙波特伯父、可拉斯伯父，還有那湄尼、拉達馬約、俄諾特苑、卡得伊尼、羅克留，馬約伊尼、卡洛索特、卡洛那勾、泰昆，諸位祖先，還有卡扭、特克得祖先，還有拉奎、俄諾特依迪、阿蘭斯拉、卡洛卡帖，阿岡利卡、達烈拉他、馬約沙凡魯、可魯、阿岡卡得、娃俄特那告、特依得卡凡拉洛、卡洛加基巴、拉達凡維克諸位祖先啊。

假如現在生存的我們這些子孫，不祭拜您們墳墓，那就是最遺憾的人生大事，我們子孫都這麼想，所以要獻給您們酒。請保佑我們子孫對付別社的人，可以張開嘴巴堂堂辯論，能夠愉快大膽地鬥爭，社裡的農作物豐收、薯、芋、米、粟受潤露水發育好，青年和處女的作物成長得最美。我們如此禱告。

我們的伯父祖先們喲。得有狩獵和穀物的神馬拉道的保護，在狩獵時，青年們都能夠遇到休狩期間留下的野獸。做頭目的我們子孫，都像管玉或赤玉般堅固而不生病，還有，能夠吸收您祖先們的靈氣，我們子孫就是這樣禱告。我的話說到這裡，卻說，祖先們啊，先喝吧！

●日領後，東部的耕地幾已完全拓墾。

妖怪和漁網

〈阿美族傳說〉

（荳蘭社）

一、妖怪

古早，母親在旱田忙碌耕作，讓大的孩子揹嬰兒。哥哥揹嬰兒去找野生瓜子。但是嬰兒突然哭起來了。此時有人叫哥哥的名字，一看是母親。母親說：「我來給嬰兒餵奶。」哥哥就解下嬰兒給母親，而覺得輕鬆了。說：「你去找一點瓜。」哥哥很高興就去了。過一會兒，母親要他再揹嬰兒，他就揹了。

可是沒多久，母親又來要給嬰兒餵奶。哥哥說：「妳不是剛剛餵過奶了嗎？」「沒有啊！」他倆為了這件事爭論了。母親說：「無論如何，你解下弟弟給我看。」哥哥把睡著的嬰兒解下來，母親一抱，嬰兒很輕。「咦！這到底是怎麼啦？哥哥啊！」母親撫摸嬰兒，卻沒有肚子，內臟被挖掉了。「這個嬰兒，一定被妖怪阿拉凱挖走了內臟，剛才那個是妖怪變的。」他倆母子悲傷地哭著回家了。

不久在村社舉行漁獲祭。社人聽了第一次雞啼就出海去漁獵。女人們都留在家裡，而過了中午不久，突然天黑起來了，女人們以為快夜

●阿美族的捕魚、製陶罐的技藝非他族所能比擬。

晚，就趕緊煮晚飯，煮完，去撈漁的男人們就扛著魚回來。他們吃過晚飯就睡，此時男人姦汚女人，之後男人就跑出屋外，瞬間天光亮起來。女人們很驚訝。「怎麼忽然天又這麼亮？」她們互想那麼說。此時她們的丈夫們回來了。女人們說：「怎麼啦，你們剛才回來不久……」丈夫們說：「甚麼？你看看太陽，現在太陽不是在吃點心的時候嗎？」社裡的人開始騷鬧。「那剛才回家來欺騙我們的是誰？」大家討論了結果，「會做這種事的，必定是妖怪阿拉凱。」事實就是阿拉凱做的，他們都猜對了。

因受過阿拉凱侮辱，不久有個女人生了男孩，一生出來就像八、九歲那麼大個子，身體的肢節都有毛。經過判斷，那是阿拉凱的孩子。叫特賴。特賴十五歲，身長就有八尺，社裡的人比起他，就像雛雞。

大家商量說：「我們應該趕走阿拉凱。」青年們就去採竹子，裝設陷阱的網。他們到社內去把阿拉凱趕出來。阿拉凱很狼狽，立刻逃跑。但有一個阿拉凱被陷阱網抓到了，名叫道茲。道茲說：「不要殺死我，我將村社的祭事告訴

●阿美族是原住民中，生活水平較高的一族。

你們，你們才不會因沒有祭事而全部死去。」因此社裡的人救了他一命。

道茲說：「你們要舉行粟祭，把粟子放進儲倉，第二天去漁獵，出發的早上可以吃豬肉，但漁獵祭要絕食九天，知道嗎？」然而道茲講的話與事實相反，他是要污染祭典而亂講的，話講完就向海的東方逃跑了。他涉海的時候，海水只到他膝蓋而已，大家看了大吃一驚。

二、網的起源

有一艘船駛向北方，有一位乘客生病了，就下岸，在海邊蓋個小屋休息養病。病好了。有隻牝熊來訪小屋，跟他做了夫妻。不久生了一個男孩。牝熊每天不休息到山上去採取食物。

有一天牝熊上山去了之後，以前載他的船又來了，丈夫帶孩子乘船。剛好被回家的牝熊看到，於是追逐船，游泳在海裏。操船的人以爲追逐的是狗，把牠殺死，肉也吃掉了。

孩子長大了，性格好鬥。大家都說，他是熊的孩子，好鬥而喜歡打架。常常嘲笑他。他問父親：「我的媽媽在哪裏？」他的父親覺得羞恥不敢說。只告訴孩子說：「你的母親游泳出去漁獵，死在海裏。」孩子不斷地想著母親，終於做了網，每天去海裏想要網到母親的骨頭。海很廣闊，始終找不到像母親骨頭模樣的東西，他撈到的都是魚。從此以後，社裏的人都開始做網去撈魚了。

〔賽德克族傳說〕

靈魂之家

祖先的時候，活在地上的我們，誰都一樣，一旦死去了，如果是眞的男人或眞的女人，無論誰死，都會走到「靈魂之家」去。

死者的靈魂，必須經過「靈魂之橋」。在橋頭「給我看看你的手」，嚴守在橋頭的螃蟹會向死者這麼說。死者事先在其手塗上藜汁，再讓他洗手，如果塗上的藜汁洗也洗不掉，「你是眞的男人，可以走過去」，螃蟹就會這麼說。讓死者能順利地走到巴克特卡山「靈魂之家」去。

如果是眞的女人，能織好麻布上衣或綾織上衣，或能做紅毛線織布，她的靈魂到達「靈魂之橋」橋頭，「給我看看妳的手」，螃蟹這麼說，而把手塗上的藜汁洗也洗不掉，「去吧，走過去吧」，螃蟹會這麼說，「妳就是眞的女人」，就能走到巴克特卡山「靈魂之家」去。

可是沒有獵過敵人的頭，是壞的男人，無論是誰；還有不能織背袋以及其他織布，愚笨、毫無手藝的女人，是壞的女人，無論是誰，將來死了，靈魂來到「靈魂之橋」橋頭，「給我看看你的手」，螃蟹會這麼說。他們的手藜汁塗不上，一洗就脫掉，所以螃蟹會說「去，回去，轉回那邊遠路去」。那些壞的假男人或假女人，就不得不轉迴遠路，頭變光頭，身軀被荆棘刺痛，被山蛭咬傷，受到折磨，遍體鱗傷，好不容易才能到達「靈魂之家」去。有的人還沒有到達「靈魂之家」就倒下去，或顛落入橋下，被大蛇或魚群吃掉。這就生前死後均有因果報應的事實。

〔註〕泰雅族大豹社也有類似內容的「去極樂之路」的故事。

●賽德克族分布在太魯閣一帶。

〔布農族傳說〕

飄簞及其他

一、卡特格蘭社

一、古早，還沒有穀物，飄簞就是穀物的代用品。有個舅子和媳婦一起到種飄簞的旱田去除草。舅子把飄簞密生的部份拔起來，燒草時把飄簞也一起燒了，隨之媳婦也跟著火煙昇天去了。過了不久，有一天從天上，絲線吊著一個小小的飄簞降到地上，媳婦的小孩在那兒玩，孩子的手拿了飄簞，突然被飄簞帶上天去了。

二、卻說，達那馬姓的祖先男女兩個人住在伊洛康，長久沒有孩子。有一個晚上，夢見用蛇脫殼敲打妻子就會生孩子。第二天用蛇脫殼敲打，就眞的生孩子了。逐漸生了三個男二個女，如此達那馬姓人口就增加了。

三、古早，有沙左守和卡比散的種族。沙左守住在迪拉屯地方，卡比散住在以里特地方。沙左守像孩子般矮小，住的屋子都很小。他們也吃飯，也造酒喝。沙左守說要邀請卡比散人去，要招待他們，但不用酒，只準備一甕蜂放在家裡，等到卡比散人進入他們屋子裡，沙左守便把甕蓋打開，立刻跳出屋外把門關起來，

●布農族的勢力範圍僅次於泰雅族。

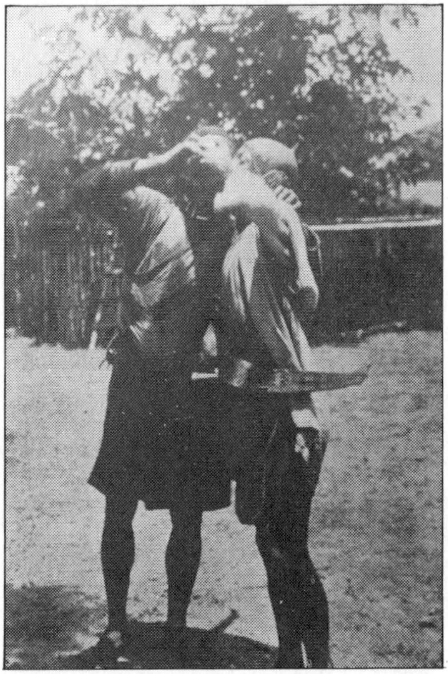
●布農族中同氏族的財產、獵場共同擁有。

卡比散人都被蜂刺死了，只剩下一個人沒有死。

卡比散人爲了報復，要招待沙左守人，他們就一起去了。去的時候要過橋，來到橋中央，卡比散人有一個人在橋頭這一邊，另一個人在橋尾那一邊，把橋切斷了。橋墜落下去，沙左守他們緊緊抓住橋的欄杆，手不放，被水流到西伊喜地方去。沒有接受招待的沙左守，聽了沙左守被水流走的消息很生氣，說：「立刻引發戰爭。」祖先答應戰爭，但祖先戰輸了。因爲沙左守隱藏在草叢裡，偷偷射擊了，鎗彈很小，不知打中了其麼地方，祖先被打得死去很多人。祖先戰輸了，沙左守沒有戰輸。

二、丹大社

一、暴風和雪原來是人。因爲古早，叫做希雅的人去狩獵，脚受傷了走不動，遇到人說：「我脚痛，請你揹我回家。」可是沒有一個人答應救他。希雅便想：「人這麼無情，自私自利，我不要做人，做暴風多好。」叫做妮汶的人從家裡出來說：「希雅在其麼地方？你有沒有看到希雅？」別人說：「他還沒有來，不久就會到吧。」他們都說謊了。妮汶去找希雅，要迎接他回來，但是妮汶找到希雅時，希雅已經變成雲了。妮汶很傷心，說：「我要去山上做雪。」她就變成雪了。在山上妮汶對希雅說：「我們來競賽，讓那些自私自利，會說謊的人越來越窮。他們不斷地會被欺負。我們來競賽，你吹暴風，我下雪，吹壞人的房屋，折斷人的作物，我們來競賽。」暴風和雪是如此產生的。

二、把粟子一粒一粒煮的時代，薪材都是自己會來。來窮人家的薪材是生濕的肥松，頗難燃燒。來富人家的薪材是乾燥而容易燃燒的肥材。有個女人在家裡織布。薪材來的時候，不小心掛勾了織布的緯絲。女人生氣地罵道：「爲甚麼進到家裡來，到院子去，我們自己會取材。」自動來的薪材很不高興，其他薪材也不高興，還有肥松，燃燒不完的薪材都不高興，都很生氣。因爲女人那麼罵他們，就跑掉了，從此以後，人都要自己去採取薪材。

三、古早，樹木們舉行賽跑。檜木嘲笑柏杉矮小，跑不快。大家跑，跑到一半，松樹說：「我跑到這裡就好，晚上沒有火光，可以把我的脚切來點火照亮。」其他樹木也都跑不快，只跑到山麓就跑不動了。柏杉說：「你們說我矮小跑不快，可是跑得最快的還不是我嗎？」你看柏杉的枝椏彎曲著，原因就是他邊說「我跑得最快」而得意洋洋的舉彎了手。

四、古早，在旱田，雙親叫兄妹兩個孩子先回家去煮晚餐。兄妹兩個人回家路上，聽到黃鶯的鳴叫聲，兩個人就跟著聲音去找黃鶯，在不知不覺中做了愛的行爲，同衾很久拔不出來，離開不了，不得不用刀把男根切斷，因此兩個人都死了，把兩個人埋葬了之後，長出了

●狩獵本爲原住民的基本維生之法。

●原住民狩獵的武器包括弓箭、山刀等。

櫻樹。櫻樹是兩個人變的，樹分成兩股，人家都禁忌當薪柴用。

五、祖先從斷崖上推下石頭，石頭橫斜滾落，發出壁喜劈喜的聲音，而逐漸變成山羊了。劈喜劈喜（山羊）平常在斷崖的地方吃草，因爲山羊是祖先從斷崖推下的石頭變成的動物。

三、人倫社

一、媳婦從天界下來，帶葫蘆種子來播種，告訴舅舅說是好粟子，舅舅一看，那不是粟子，是葫蘆，很生氣，拿鐮刀把葫蘆割斷了，媳婦很生氣，收集被割斷的葫蘆放火燒了。火焰出來，媳婦就跟著火煙回昇天去了。然後用葫蘆綁繩子放下地上，讓留在地上的孩子抓住葫蘆，也昇上天界去。

二、古早，祖先跟平地人一樣持有文字。可是祖先從社寮出發走到河邊，不小心把文字丟入水裡，文字流走被平地人撿到了，我們才沒有文字。我們寫的碑，在社寮還有。

四、達馬洛灣社

祖先時代，有兩兄妹去狩獵，埋伏很久，鹿出來了。哥哥射出四支箭，但沒有射中。妹妹拿了弓，只射一箭就射中了。可是她的乳頭卻被弓弦截斷，因此發燒，妹妹死了。從今以後，禁止帶女人去狩獵。

五、伊巴荷社

一、古早，我們祖先的誕生，先有葫蘆從天降下，葫蘆碰到地面就破了。有男女兩個人從葫蘆跳出來。男女成爲夫妻，生了很多孩子，有男有女，男女成爲夫妻生孩子，人就多起來了。

二、古早，祖先一家人在旱田工作時，互相投擲癩蝦蟆玩。天看了很生氣，就從天拋下很多泥土把他們埋掉了，別人聽到他們在地下哭泣。癩蝦蟆是天飼養的，所以對癩蝦蟆虐待或惡作劇是我們布農族的禁忌。天拋下泥土墜落的地方叫做散塔卡斯，另一名字叫「天的土地」，他們被埋在地下經過十天之後，才聽不到哭泣的聲音。

創世紀

〈布農族傳說〉

一、說祖先的故事吧。在平地的拉毛岡，只有女人七個人，男人五個人，是從天降下來的。起初他們不懂交媾的方法。但慾望交媾，想了很久，便用耳朵摩擦，不覺得快感，於是改用鼻子，也沒有快感，改用嘴、用腋下、用肛門，都不感到快樂。因爲他們不懂交媾的方法。有個傻瓜說：「全身各部門都互相交揷過了，卻交媾不成，你們眞沒有用。」

另一個傻瓜說：「我來試試給你們看。」傻瓜開始用肚臍摩擦，交不成，就逐漸向下移，移至陰部的時候，那個傻瓜欣喜了，說：「哎！哎！這兒眞好。」

聰明人也照著嘗試，就癢起來了。漸漸，有人生了孩子。而有一家，只生了兩個孩子，都是男的，哥哥去採薪柴，弟弟留在家裡。

二、天把文字丟下來。弟弟跑過去，立刻把文字撿起來要背誦。哥哥回來，弟弟告訴哥哥說：「這是天上丟下來的文字，你來背誦它吧。」哥哥說：「我背誦不起來。」便把文字分成兩半。弟弟說：「我用這混入泥土來耕作。」哥哥說：「文字背誦不起來，我要到山上去開墾。」就上山去了。卻把分成兩半的文字，放入拉毛岡河流走了。布農族才沒有流傳文字。

三、祖先們住在巒大社時遇到洪水。有一部份人逃難去玉山，有一部份人逃難去卓社大山。在山上沒有火柴，取不到火。玉山的人看到卓社大山有火煙。玉山的人說：「蝦蟆啊，你去取火吧。」蝦蟆去取火，卻在途中，因爲潛入水裡，火滅了。玉山的人說：「烈哥烈哥鳥啊，你去取火吧。」烈哥烈哥鳥說：「我頭痛，

●淸季前原住民大都沒有財產、貧富的觀念。

不能去。」因烈哥烈哥鳥遁辭，頭就變白了。最後命令介比喜鳥去，才取火成功，從此有火了。他們在玉山時，跟獸類住在一起，鹿和山羊和豬都有。要屠殺，必須要有油脂的才殺。

洪水的原因是河口被大蛇攔住了，才引起的。然後大螃蟹自願潛水去，把蛇剪斷，洪水才流出去，漸漸消退了。古早住的村莊是平地的好地方，但經過洪水洗劫，土地變壞了。洪水退乾了之後，避難去玉山和卓社大山的人們，都回到巒大社去住。

四、祖先去旱田工作的時候，都要把孩子留在家裡，老鷹飛來抓孩子到大公主山去。後來被父親發覺了，聽取孩子的哭聲，追逐到大公主山去。但是在大公主山上，只找到被老鷹吃過剩下的脚。祖先很生氣便設下陷阱。有個男人先去把中了陷阱的鷹，取來吃了。因爲吃了鷹，才有了姓『馬道斯卡那（鷹部）』的人。

五、祖先去採建築用的木材。祖先採取棟木，就用繩子綁起來。有個傻瓜跑來迎接他說：「別人都在喝酒，只有你在工作，別拖棟木，趕快回去吧。」棟木聽了很生氣，便亂鑽進入地下。帶棟木的人能鑽進地下，但有鑽不入地下的人，那些人都很擔心，會哭而擤鼻子。擤鼻子的人都變成石頭，鼻涕變成方解石。鑽進地下的人，頭上全是泥土。把頭上的泥土擦拭乾了之後，才想起別的人都到哪兒去了呢。仰頭一看，別的人都變成硬石了。鑽進地下去的人，才把棟木拖回去。

六、巒大社的人去開墾。因爲有兩個太陽，被太陽曬得孩子都乾癟了。父親很生氣，說：「使孩子乾癟了，眞可惡，我要去征伐太陽。」

父親準備好就出發去了。在路中邊走邊種橘子，並帶了一個孩子去。他把五穗粟子掛在右耳，五穗粟子掛在左耳，所有的指甲也裝些粟粒。不會餓死。

來到太陽出口的地方，拿草來，草立刻乾枯了。拿別種的草來，也乾枯了。再去拿帚草來蓋隱藏的小屋，帚草卻沒有乾枯。

不久出現了很熱很熱的太陽，太陽是殺人者。被父親射中了。射中了太陽的眼睛，瞎了，變成了月亮。月亮很生氣，要抓人。但人很小，抓不到，抓到了也從指間溜走了。月亮用唾液潤濕指頭，粘著人，說：「爲什麼要亂射我。」祖先說：「因爲你曬乾我的孩子死了，我很生氣。」月亮說：「不要生氣，請忍耐一下，我給你絲綿，可以擦眼睛用。」月亮准他們兩個人去月亮村。月亮說：「你們必須舉行祭典，一年當中，我要經過這裡十二次，但是舉行七次祭典就好了。」那時，月亮煮飯招待兩人。但跟我們的飯不一樣，很像蚯蚓那樣的東西。月亮教人做祭典的事，祭典時，要把豬和雞等當做禮物拿去拜拜。月亮說：「你們吃了月亮的飯，就會拉出頸飾玉，頸飾玉要在祭典時使用。」

七、去征伐太陽的祖先回到村子來。出發時種植的橘子已經結果成熟了。帶去的粟子吃剩一穗，是因爲月亮招待他們吃飯才剩下來的。他向村裡的聰明人說：「你要不要頸飾玉，要就把手伸出來。」聰明人說：「你要脫糞給我，太髒了，我不要。」祖先向一個傻瓜說：「我要給你頸飾玉，把手伸出來接我脫糞啊。」傻瓜不懂甚麼是髒，就伸手去接糞。然而接到的卻是很美的頸飾玉。聰明人看了，才說他也要。「給我頸飾玉。」學著傻瓜伸出手來。他接到的是不好的頸飾玉。祖先說：「這些頸飾玉是要用豬和雞交換的，必須在祭典時使用。」

八、人們開始舉行祭典後，卡社的人就分離了。不久，卡社的人來邀請要唱歌比賽。比賽

●布農族人額帶及頸飾。

●「共飲」在原住民心目中，代表親密、和善之意。

結果，卡社的人唱得最好。因爲唱得最好，使巒大社的人嫉妒又生氣，而自暴自棄，把煮熟的芋塞進卡社人的嘴裡，卡社人就唱得不好了。

我們在巒大社時，跟泰雅族分開了。泰雅族對祖先說：「把這個石頭分給你們，做爲泰雅族跟我們是同源的證據。」

從泰雅族分去花蓮是布旦族，再分卡社，分卓社和康達邦社。那個社跟泰雅族在一起，我們跟巒社在一起。後來，出去狩獵，來到有狗糞的地方，看到黍和粟生長的很好。而對巴旦人說：「這裡的作物很好。」巴旦人便在這裡住下來。別的人也跟著來住了。因爲巴旦人最初來，就把這個地方叫做達凱巴旦社。

曹族傳說

（魯夫特（新高）、阿里山（嘉義）、沙阿魯亞、卡那布亞）

一、

祖先從玉山出來，分成達邦社、知母朥社和魯特社，到維佑住下來的時候，有兩個人去狩獵，卻沒有回來。社裡的人去找，來到兩個人狩獵的地方，還是找不到。我們去問牟牟茲人，牟牟茲人不回答。一定被牟牟茲人殺死了，卻不招供。社裡的人逼他們招供，並要求「給我們土地」。他們不但拒絕要求，加之把我們地界的標石推倒。我們看被推倒的標石，再建起來。

但是，標石又被推倒了。我們很生氣。牟牟茲人確實殺死了那兩個人。我們爲了維佑，建立了標識，發現了兩個人的骨骸，但沒有頭。

我們回去維佑，製造弓箭，決定和牟牟茲打戰。我們包圍牟牟茲，殺死了很多牟牟茲人，把牟牟茲的頭帶回維佑。搬不了的頭放在路邊，再回來搬。我們佔領了牟牟茲的好土地，把馬達巴拿、特特散拿、那海達拿等地區開墾爲旱田，種植甘藷和粟子。從達馬哈拿移住在佛保，蓋新的房子住下來，這裡才不生病，可以住久。從此繁衍下來。

二、

古早，台灣還是海的時候，大家都在玉山，吃魚和野獸。沒有海之後，分成曹和瑪耶，並分配弓做紀念。曹去曼阿拿，瑪耶去東方。而這裡的曹族是從曼阿拿米到特夫耶，有的人去幾阿拿，姓耶休克和宇茲拿就到平地去。但是大家還是互相交往。此時平地的曹族在海邊看到陌生的人出現，那是漢人頭一次來的。

開始打仗了。曹族沒有鎗，漢人有鎗。在平地打仗，絕不會勝過有鎗的人。平地的曹族就回到山地來。曹族很生氣，他們看到漢人就要全部殺掉。曹族說：「他們是阻礙這個土地的人。」但後來流行了天然痘，死了很多人。像馬一樣的人跑到社裡來，說是殺人的報應。從那時起就不殺了。漢人說：「不能殺人，給你們圓圓的石頭，如果這個石頭都磨滅了，才能再殺人。」那時總督命令他的部屬十個人或二十個人，住在曹族家，勸曹族去打獵。

曹族獵到的獵物都送到台南去。一年一次曹族到平地去參加盛會，他們回山時行李都很重。有一次有一個人在公廨睡著。漢人叫醒他，說：「爲甚麼在這裡睡？」漢人不知道那個人被豬咬了，被咬的地方很痛，才在那兒睡。那個人被吵醒了很生氣，便拿刀刺了漢人，其他的漢人都逃回台南去。曹族集合商量要欺騙漢人，叫頭目的兒子去台南道歉。他們接受道歉當然沒問題，如果不接受，就派女人們去竹脚迎接漢人，對漢人說：「曹族的男人都跑到玉山去了，你們去找也沒有用。」如果漢人折回去不報復了就好，假如不聽，女人們就幫忙漢人拿鎗和彈藥。女人們要過河的時候，就假裝跌倒，給他們看看陰部，並把鎗和彈藥浸入水裡。走路時，女人們都要先走，走到瀑布下面不必急，走到瀑布上面，我們會向最後的女人投石頭做信號，女人們要趕快離開瀑布的地方，我們會把女人們和漢人之間遮斷。

那時，頭目的兒子到了台南，向總督道歉謝罪，但是要和曹族打戰的軍隊已經出發了。總督說：「軍隊已經出發去了，你趕快回去看。」他回到竹脚，看到河水染成紅紅。他想：「河水的血不完全是族人的，也有漢人的吧。」過了河，就遇到兩個漢人，頭髮被綁在一起，沒

●曹族男子必須接受狩獵與戰鬥的訓練。

●曹族慶祝豐收的粟祭。

●曹族男子的裝扮。

有手指。他知道是族人做的，心裡很高興。漢人三百個人，被三十個曹族人全殺光了。

三、

古早，有吃砂的人，去河川採砂子。女人出來看吃砂人採砂子。女人叫台灣烏鴉去把採砂人的帶子拿來。吃砂人找不到帶子，而發現帶子在岩石的地方，爬上去，看到兩個女人在那兒。她們有酒，給吃砂人喝酒。吃砂人帶女人回家。女人吃砂，說：「這是甚麼？」把吃下的砂吐出來。老年人看了很生氣，說：「怎麼能浪費食料，我們不要這種女人。」女人很憤慨跑回去了。吃砂人試著吃女人留下的白米，才知道味道很好。便追逐女人，把她帶回來，繼續留在家裡。女人拿一粒放人米籠子，籠子的米就滿盈了。大家都說：「眞是奇蹟的女人。」

創世紀

〔雅美族傳說〕

她懷孕了。懷孕是不吉利嗎?不!她很高興,高興地想讓島上所有的花朵都羨慕她。可是,假如長老們知道了,會禁止她出門,要求她必為族人後代的誕生而謹慎。

紅頭嶼的天氣晴朗,天沒有雲,藍得跟寂靜的海面分不清;或許,海平線趁機旅行去了?

她赤脚,走進退潮的海濱。潮乾,乾到遠遠的海,展開廣闊潮濕的沙灘。她慢慢走,把脚印留在沙灘上,一直走到海中去。她看到白石,屈膝把白石翻過來。她看到珊瑚,屈膝把珊瑚翻過來。啊!潮乾的沙灘,忽然從倒翻的白石底下湧出潮水,從倒翻的珊瑚底下湧出潮水。潮水開始翻滾……。

咦!不妙啊,潮水這麼兇!她開始跑,跑回陸地去。潮水跟著她跑,跑上陸地來。她繼續跑,跑回村裡後。潮水一直增漲,漲到村子邊緣來。

村民都看到海水暴漲了,看到神在憤怒。紛紛走進屋裡,提起行李向山跑。她跟著走進屋裡,拿著白鹽和老鼠向山跑。

海水一直漲,漲到山,汪洋的海水,把山包圍起來了。跑不掉的雞、山羊、豬和老鼠都淹

●雅美族人遠居蘭嶼。

死了。缺乏食物，飢餓的人類也死了。海水緊緊包圍著山，僅留兩個山頭突出在水面，形成對峙的乳房。……

天和海恢復平靜。經過一年，潮水還不退。經過二年、三年，只生存兩個人在高高的吉比卡良山和吉加克曼山，只兩個人。經過四年，潮水還不退不乾。經過五、六、七、八年，在山林樹林間呈現了好多硨磲貝和液光貝。潮水還不退，人都死光了。

第九年，剩下的最後一隻老鼠投進海裡，潮水才慢慢地退、慢慢地乾了。第十年地上有山芋旱田，第十一年有青芋旱田，第十二、十三年生長了竹子。第十四年，啊！海濱重現了，山也生長了很多樹木。

神眺望大地，說「美麗的雅美島！」便把巨大的岩石丟入吉巴布特地方。不久，岩石破裂，產生了人。人瞪著眼睛觀察周圍，找不到食物，採取巴布特草來吃。然後走去平地。

海邊生長竹子。竹子枝葉被風吹動，搖來搖去，忽然竹子裂開，產生了人。人走到山上，找不到食物，竹子生的人哭了。邊哭邊走，走到茅草原，遇到岩石生的人。兩個人目瞪口呆，許久，竹子生的人才發問「你我是甚麼？甚麼名字？」「tau，匋，我們是匋，是人！」，岩石生的人回答。於是兩個人轉著走，轉著，轉著，岩石生的人走向伊拉太地方。竹子生的人走向伊巴林地方。

來到卡沙比岡時，竹子生的人獲得了銀子。從伊拉太，轉來吉馬沙保時，岩石生的人獲得了鐵子。兩個人不約而同的回到吉卡布壇的家，興高采烈地敲打生硬的鐵和柔軟的銀，聽鐵和銀發出不同的輕妙聲音，哈哈大笑。

兩個人的陽物很長，長到膝蓋，無意中跟自己的雙膝交合。不久，膝蓋肥胖起來很癢。終於，竹子生的人右膝生下男人，左膝生下女人。岩石生的人也右膝生下男人，左膝生下女人。有男有女，兄妹兩個人就結婚和合。結果，親近結婚生下了盲目的孩子，使竹子生的人和岩石生的人都傷腦筋。這必定違背了神旨，想了很久，想出換妻祓除不祥。立刻把岩石生的人的孩子的妻，換給竹子生的人的孩子爲妻。把竹子生的人的孩子的妻，換給岩石生的人的孩

●雅美族是個典型的捕魚民族。

子爲妻。沒錯，從此以後，兩對夫妻生的孩子都很健康，而增加了人口，已經過了三代。

爲了造船去砍樹。銀片碰到樹頭卻彎了。我們來交換吧。你拿銀子，我拿鐵子，去啊。我們快快樂樂，唱歌，去砍樹。

白金是我的希望。
但沒有黑金，多麼悲哀喲！
到山上去，砍伐樹木去
砍伐巨大樹木，倒下去！

船造好了，就要進水，來祭典，慶祝造船成功啊。竹子生的人把橫木釘在船的外側，岩石生的人把橫木釘在船的內側。竹子生的人的船，沒有進水就崩毀粉碎了。岩石生的人的船，順利地滑進海上浮起來了，可是污垢的海水浸進來。大家說「這不行！」，便拿草棉來塞進去，塞啊，塞啊，把草棉塞進去。大家說「眞絕妙！」從經驗得到啓示，造船成功了，他們找到木棉，以後就用木棉塞船……。

tau，稱爲「人」這名字的人，岩石生的人的子孫，已經傳到五代，長者說「我們移到吉米那投地方去！」吉米那投在海邊，比原住地廣闊多了。而到達吉米那投，他們的一半變成了青鳩，一半又生了人的孩子。

岩石人的祖孫，繞過海邊，看到用鼻子挖土的獸。孫子問「爺爺，那是甚麼？」「抓來我看。」抓獸來的孫子說「爺爺，這是我抓來的。」祖父看了，說「我的孫子啊，這是豬，我們沒有豬，帶回去飼養吧。」他倆繼續走海岸，看到雞，孫子問「我看到咕咕啼的，那是甚麼？」「抓來我看。」孫子去抓，「爺爺，我抓來了。」祖父看了，說「孫子啊，這是雞，我們帶去飼養，讓牠增殖。」他們到吉馬拉邁地方，看到山羊，也把山羊帶回增殖。飛魚漁汎到了，他們就在吉馬拉邁捕魚。

岩石人從吉巴布特山下來
來到綿津海
住在大平原，吉馬拉邁
漁汎祭典，是捕魚的開頭
駛船靠近竹崎去
燃起篝火啊，大撈飛魚去！

來到靠海的平原，五代之後，又生下肚子細瘦的人，然後，再移住到卡特陀丹地方，又移住吉拉桂地方，還有到深水河的吉利屏地方。

來歷不明的大船，從遙遠未知的海外駛來靠岸。陌生人涉水過來，說「我們來到你們這裡，要跟你們和好。」我們說「你們不能來！」他們就開始唱歌了。

●雅美族是現今原住民中保留傳統文化最多的一族。

聚集來到這兒
這兒是美好的瞭望台
瞭望四海
聚集來，我們已經來了

他們唱聽不懂的歌。雅美族拒絕了，說「你們會盜我們的東西，不能進來。」外國人聽了，就大聲吼叫。他們集體侵入山上去，卻找不到食物，都餓死了。古早有巨大的粟子，粟粒像樹上的果實那麼大。可是，因爲那些外國人大聲怒吼，被吼聲嚇倒了，粟粒才變得很小。

竹子生的人的子孫有六十個人。他們看到魚，用長網去捕魚。他們揮起大釣竿，去捕大魚。釣到魚，吃大魚。問「爺爺，這是甚麼？」「孫子啊，這叫吉拉特魚。」他們繼續釣魚，釣到魚，吃大魚。問「爺爺，這是甚麼？」「孫子啊，這叫保俞魚。」他們繼續捕魚，捕到魚，吃小魚。問「爺爺，這是甚麼？」「這叫布拉魚。」他們不斷地釣，釣到阿拉由魚，還有很多很多的魚。祖父還要給各種很多的草木取個名字。來，來看，這是林投，這是肯拜喇叭花，這是

●雅美族以頭尾翹起的刳木拼板船最爲著稱。

常綠芒草，這是維吉特樹，這是圭諾小鎚子，這是檳榔，這是葛藤，這是蝴蝶蘭、芭蕉、青芋、龍眼、榕樹……。竹子生的人，移住近海的廣大平地伊拉奴克地方、人口增加了。岩石生的人，說「我們到吉屯卡地方去。」在那兒拿到附在樹木的水芋，就開始種水芋。

岩石生的人的子孫，在吉特卡地方父親死了。因此他們又轉去爪克濃地方。他們生了一半是爪克濃的魚，一半是人的孩子。在金希娃地方時，從特瑰樹產生了人。那些人說「我們到吉比拉洋地方看親人，下山去吧。」他們生了孩子，命名爲希爾克比，就轉住平地去。在平地生了孩子，命名爲希卡利克，就轉往吉馬利特地方去。他們又喜歡很多人住的地方吉馬希克，就到吉馬希克，生了希米那索拜。此時，達拉克神下降，來到夾邁毛龍。神被吉馬希克的人抓到。後來，那個神，被外國來的巴丹人帶走了。

希米那索拜生四個孩子，老大叫希米那馬瓦。希米那馬瓦生孩子，老大叫希米那馬特。後來，父子兩個人發生爭執開始打仗，父親希那馬瓦被打垮而死了。跟他們同族的人趕來勸解，而唱歌：

你說要遺棄海底
可是珍珠宇拜太可惜
就藏在岩石隙間再離開
等到回去尋找珍珠宇拜
卻找不到宇拜的踪跡
無意中拔掉岩隙間的寄生樹
眞高興，在樹根下
珍珠發光閃閃亮亮

他們把希米那索拜和希米那馬特的珍珠宇拜，互相交換做爲條件而講和了。然後蓋新房子，房子蓋好，排起盛大的酒宴，招待很多親戚來。飛魚漁汛到了，舉行漁汛祭典，也招待很多親戚來。而生四個孩子的父親希米那索拜，在祭典之後也死了。

外國人來，跟雅美族交易，很友善。友善的外國人回去，又來了別的外國人。別的外國人都是持著鎗的壞外國人。壞外國人用鎗打死了友善的雅美人，壞外國人回去。友善的外國人回來了。問「我的朋友，那友善的雅美人去哪

●傳統雅美族人的丁字褲，風格獨具。

裏？」雅美人說「被壞外國人打死了。」友善的外國人憤怒地說「我到海那邊去，跟那個人打架。」友善的外國人就去打架了。

巴丹人來到吉姆亞克，向祖先女人謝本馬那卡求婚。巴丹人帶了新娘回去海那邊的巴丹島。女人生了兩個孩子，因缺乏糧食而飢餓。聽說天界的希篤料神那邊，有很多食物。「我們去！」來到天和海銜接的地方，帆柱被勾住了，把帆柱切斷了五次，好不容易到達伊保斯島。巴丹人問「跟希篤料同村的人是誰？」巴丹人說「我們要去希篤料的地方。」伊保斯人告訴他「你們要去，必須帶支芋葉和莖去。如果把守路口的豬要吃你們，就給牠最喜歡吃的芋葉，你們才能跑過去。」

帆船快快滑過去
撐高又撐低
搖啊搖，搖進前方時
衝來激浪傷了船
嶋崩毀而傾斜
水灌入船端來

咦！這裡就是天界、天人的地方？他們上了岸，從希篤料神的水壺喝了水。神的兒子回來看到他們，說要殺。希篤料神說「喝了我的水壺的水，這些人不能殺。」就允許他們住下來。住一個月到九個月，住一年到五年。

●雅美族的文化特質偏重海洋與捕魚方面。

巴丹人和希篤料神的孫子，去山上的耕作地，看到山羊，神的孫子就追山羊。剛好遇到天界的伊卡敦。伊卡敦說「你追逐甚麼?」「我要抓我那隻山羊。」「哎!不要抓了，跟我一起上山去，我給你看舞蹈。」到了晚上，他們就開始跳舞，跳伊卡敦的舞。

不下雨，草木凋萎了

天之鳥，蓋著椀來了

巴丹人獨自回家，把孫子的事，報告希篤料神說「他跟別人講話，然後到天界，看跳舞去了。」

趁他們熱中於跳舞的時候，巴丹人卻命令夥伴說「去盜他們的第五壺子，你把守第一門口，你把守第二門口，你站在石垣段階的地方，我們把盜來的壺子，遞轉過去。大家必須跑得很快。」壺子被盜了，伊卡敦說「快，快點火去，去找我們的寶物被盜了。第五壺子遺失了，追逐他們把壺子搶回來。」伊卡敦人追蹤巴丹人，巴丹人逃向海邊去。伊卡敦人知道那邊是海，看到海的人都會死。於是，伊卡敦人說「我們無法把寶物取回來，我們要咒咀。」

●雅美族是父系世系群社會。

第六至第八年，伊卡敦人說「如果眞正富裕的孩子，淸掃倉庫，必會找到寶貝。」因此用竹箒淸除倉庫，眞的，寶貝就出現了。伊卡敦說「不要彎曲，直直把它拔出來。」勤勞的希米那凡把它拔出來。怠惰的希米乃卡一次也分不到它，希米那凡第二次也分不到它。懶惰就分不到任何寶物。

第九年，紅頭嶼出身的伊巴丹女人說「我們去找懷念的紅頭嶼人。」希篤料神聽了，說「如果你們要去，我給你們食物。」可是貪心的巴丹人說「我們集齊，就搖動雞舍，因爲伊保斯人不吃雞。」伊保斯人說「雞觸摸過的東西不潔淨，不能吃。你們巴丹人吃雞嗎？」巴丹人回答「吃啊。」伊保斯人說「你們要吃的話，你們拿去吧，因爲我們不吃，丟掉也可惜。」巴丹人就全部拿去了。

貪心的巴丹人說「到夜晚，我們去盜希篤料神的水壺。」天暗了，就去盜。希篤料神說「孩子們起來吧，巴丹人來盜我的水壺了，追殺那些忘恩負義的壞傢伙去。」巴丹人沒有盜到東西就潰散了。

雅美出身的女人說「我們去吧，紅頭嶼有很多食物。」他們駕船出發，不久發現一個島，「上岸去，去煮飯。」滿潮，島就淹沒了。「不行。」他們回到船上。又發現一個島，這個島很熱，必須浸在海水裡，「不行，我們走吧。」他們到達了伊克巴拉島。很多人在海岸採奈奈宇貝。伊克巴拉人說「我們可以跟你們去嗎？」巴丹人說「你們會划船嗎？不會划船，就不能同乘。」

他們來到雅美族，到達吉克達布。雅美出身的巴丹女人說「大家開始捕魚去吧，到你們的

●雅美族人所使用的短劍。（陳正雄／收藏）

祖父，伊拉萊那兒去。」可是，他們去了，祖父說「你們誰是頭一次捕魚的？」「我們是伊魯克和保特寶。」祖父說「你們不能來，你們會使叔叔們的生活困苦。」他們回去報告說「爺爺不讓我們去。」結果，女人說「我們到別的地方去吧。」女人也划船，划船去。「這是甚麼地方？」雅美出身的巴丹女人回答說「這個地方叫吉馬布奴特，我想起了這裡有個懷念的沙漠。」希南克敦換了她划船。「這裡是甚麼地方？」「叫吉卡拉岡。」他們下船上岸。他們採取了很多昆布和貝類，昆布一大把。「我們走吧。」他們到石垣的段階，「這個地方不好，我們到吉索馬拉布去。」他們到達吉索馬拉布。「這裡太熱，不行，到伊凡林去。」他們到達伊凡林，住在廣大的平地，蓋了房子，人口增加了。

我們的祖先生了恐怖的殺人犯謝笨拉南，謝笨拉南的兒子是謝笨馬卡，謝笨馬卡生希米那卡勇和休岸兩個孩子。希米那卡勇生希基卡斯，希基卡斯生三個孩子。他的第三個兒子生了五個孩子。其中一個是笨馬卡魯的祖先，一個是謝曼馬特的祖先，第三孩子是謝曼力布的祖先，第五孩子是布魯布敦的祖先。而我們的兄弟，很多人被強風吹到海那邊，沒有回到島上來。他們已經住在外國，在外國生孩子了。

●易植的水芋是雅美族重要的食品。

〔雅美族傳說〕

去火燒島（外一篇）

一、去火燒島

我們的祖先成人後，造一艘大船，去火燒島種芭蕉和竹子，耕作水田又投網捕蝦子，帶回紅頭嶼來煮食。有的擦鹽掛在竹干曬乾。田裡的草長了，就到火燒島去拔草。有一次去火燒島，在青芋田除草，他的手被虎頭蜂螫傷了。回到紅頭嶼經過二十天就死了。他的三個兒子，在父親死了之後，去火燒島採取父親留下來的農作物。採回來就不再到火燒島去了。

二、石頭變人

兩個姊妹，要去伊拉萊的時候，在卡瓦特看到石頭，拿了拉克旦石，到達伊拉萊，用水灑在石頭上，說：「石頭啊，飲了水就做男人吧。」石頭就變成男人了。

紅頭嶼的人模倣她們。並說：「用指頭指你，你叫希特洛剛吧。」開始時先有了他的手、腳、眼睛睜開了，再生鼻子、耳朵、頭髮，並開始講話了。名字叫做希特洛剛。

附錄

認識原住民的根源

——《台灣原住民的母語傳說》後記

一九八八年暑假，在美國芝加哥西北大學任教的許達然博士回台，來台中，與東海大學薛順雄教授，詩人白萩、我四個人會合。晚餐後去健行路的阿波羅花園餐廳喝茶。座談中涉及台灣的原始文學、傳說、神話。許博士說：「台灣原住民各族均有神話傳說，在台灣能看到零零碎碎的幾篇文字，但沒有一本像日據時期，日人教授經過田野調查所蒐集的那麼完整的傳說集。戰後的社會學術界，對台灣原始文學的傳說不重視，非常遺憾。當然啦，這種田野採錄工作並非個人的能力財力可以做到。但至少應該有人把日人教授當時所蒐集的神話、傳說，加以整理譯成中文，讓台灣住民瞭解與認識，而連接具有獨自性格的台灣文學，賦有深長的意義。」

許達然博士這一番話，引起了我的興趣。曾經我在編輯台灣日報兒童版當時，寫過幾篇有關原住民的故事介紹給小朋友，就有意整理這方面的文說。因此趁意趣未冷却，我便寫信給居住日本千葉縣的「笠詩刊」同仁北原政吉先生，代購有關的書籍。而很快就接到他的覆信，說已經給我以掛號郵件寄來《原語による台灣高砂族傳說集》。我接到這一本十二開八四〇頁巨大精裝書，不無感到驚訝。這是台灣帝國大學言語學研究室，於一九三一年前後，小川尙義、淺井惠倫教授等，以語言調查爲主而記錄完成的傳說集。有羅馬音記錄的原住民母語附日文翻譯的對照，由東京刀江書院於一九三五年刊行，一九六七年再版的書。不愧爲重視文化的日本，才有出版家不顧成本甘願犧牲出版這種書。

北原政吉先生說，還有其他日人作家寫的類似傳說集，也要寄給我，我婉謝了。因爲這本內容完整而有多種類的傳說，足夠佔據我翻譯很多時間了。實際從初步翻譯瞭解各族的民情，大約花了一年的時間，然後據於傳說內容的趣味性加以剪接整理，就又花了約近一年。還好，因原始性故事的演變奇特，含有詩語言似的跳躍口述，才不使我感到厭煩，而完成了這一部譯述的工作。

我不是語言研究者，也非文化人類學家，只根據先賢研究調查的成果二百八十四則傳說，忠實地加以整理譯述出來而已。必有很多不相稱與遺漏的地方，希望專家、有識者賜予斧正。

非常感謝臺原出版社林勃仲、劉還月兩位先生不顧犧牲願意出版這本書。林勃仲先生的〈協和台灣叢刊發行人序〉，給我的感動、印象深刻難忘。

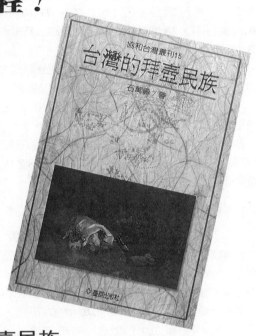

時至今天，社會結構的改變以及現代人對精神生活的漠視，傳統的歲時節俗，彷彿就剩下電視上熱鬧喧囂的元宵花燈與端午賽會，少有人願意探究現今台灣歲時的眞貌以及對人民生活的影響。

年輕、狂熱的田野調查工作者劉還月，投注了三年的時間、情感與金錢，腳踏實地地挖掘出五百多項與台灣人息息相關的歲時節俗，每一項都是台灣人情感的凝結，更是現代人生活的指針。

渡台悲歌（二刷）
——台灣的開拓與抗爭史話

黃榮洛／著　定價260元

自古以來，台灣在廣大中國人心目中就是個豐饒富裕的海上仙山，所謂「台灣錢，淹脚目」。但淸嘉慶以後流傳的渡台悲歌，起首便是「勸君切莫過台灣，台灣恰似鬼門關；千個人去無人轉，知生知死都是難……」之間的差異何其大？其中隱含多少拓台的血淚與悲滄的故事？

鄉土史家黃榮洛受的是日本教育，憑著無比毅力與不怕苦的精神，挖掘出許多淹失在荒跡陌野間的故事，探究出無數被人漠視的傳說，他用心爲我們找出一件件悲慘無奈的故事，更用筆爲我們寫下一個個感人肺腑的傳奇！

身在台灣的人，怎能不讀「渡台悲歌」？

台灣信仰傳奇（二刷）　黃文博／著　定價220元

熱愛民俗廟會的朋友，一定有許多機會接觸乩童、八家將、蜈蚣陣甚至電子琴花車，也看過迎媽祖、送王船的盛大場面，但多數人往往只抱著懷疑、甚至不屑的態度面對它，卻鮮少有人了解其中的奧妙與蘊含的精神。這不僅是喜歡台灣民俗人士的損失，更是常民文化最大的缺憾！

本書是作者繼「台灣風土傳奇」後的又一力作，在寬濶的風土民俗領域中，引導我們進入五營神兵、乞丐寮的世界，和我們一同參加豎燈篙和南北大刈香的熱鬧現場，更翔實解說八家將的組織以及電子琴花車裡販賣的色情文化……樣貌繁多，生動豐富，有心人士，不宜錯過。

大溪祭陳聖王
158
小百科
臺原出版社

台灣人的生活史
《台灣歲時小百科》是第一本完整記錄台灣人歲時生活的重要著作，內容詳述常民文化的現象，更生動地描繪出台灣人的情感與精神，台灣文學大老葉石濤譽爲「台灣人的生活史」！
每一個台灣人，不能不讀！
每一個台灣家庭，不能不典藏一套！
台灣歲時小百科
〈上下兩鉅册，厚八百餘頁〉
平裝普及本定價 620 元
精裝典藏本定價 750 元
⊙直接郵購，可享九折優待⊙
⊙專業台灣風土⊙
臺原出版社
台北市松江路 85 巷 5 號
電話／ 5072222

●協和台灣叢刊18●

台灣原住民的母語傳說

著者／陳千武

校　對／陳千武・陳韻雁・鄭如玲

發行人／林勃仲（經甫）

總編輯／劉還月

文字編輯／吳瑞琴・陳嫣紅

美術編輯／王佳莉

出版發行／協和藝術文化基金會
臺原出版社

地　址／台北市松江路85巷5號（協和醫院地下室）

電　話／（02）5072222

郵政劃撥／1264701～8

出版登記／局版台業字第四三五六號

法律顧問／許森貴律師

地　址／台北市長安西路246號4樓

印　刷／廣浩彩色印刷公司

電　話／（02）2235117

總經銷／吳氏圖書公司

地　址／台北市和平西路一段150號2樓之4

電　話／（02）3034150

定　價／新台幣二二〇元

第一版第一刷／一九九一年（民八〇）一月

ISBN 957-9261-10-5